Jeff und Lora Helton

Zeit zu zweit –

miteinander reden, miteinander träumen

Über die Autoren

Jeff und Lora Helton sind seit etwa 30 Jahren verheiratet. Ebenso lange hat Jeff als Pastor mit Ehepaaren und Familien zu tun, indem er sich als Seelsorger und Coach mit vielen praktischen Tipps zur Verfügung stellt. Seine Frau Lora ist Psychologin. Die beiden haben vier Kinder und leben mit ihrem Hund in Franklin, Tennessee.

JEFF & LORA HELTON

Zeit zu zweit

Miteinander reden und träumen

Aus dem Englischen von Ingmarie Flimm

GerthMedien

Für unsere Eltern, die uns vorgelebt haben, dass 50 Ehejahre mit solchen wöchentlichen Gesprächen ihre Grundlage bekommen.

Für Loras Eltern Lionel und Marion: Ihr lebt seit 53 Jahren als Trendsetter in einer starken, multikulturellen Ehe. Euer Vertrauen, eure tiefe Verbundenheit und Fürsorge für andere sind vorbildlich.

Für Jeffs Vater Ray, der mehr als 50 Jahre verheiratet war und dessen beide Frauen (Mildred und Nancy) vor ihm gestorben sind. Dein Glaube an ein ewiges Leben und Vertrauen in Gottes Güte und den Plan, den er für uns hat, inspirieren uns täglich.

Inhalt

Einleitung

Wie wird es um eure Ehe bestellt sein, wenn ihr
50 Jahre miteinander verheiratet seid?

••••••••

2009 sind wir zur goldenen Hochzeit von Loras Eltern nach Bismarck in North Dakota gereist. Meine Schwiegereltern haben ihre gesamte Ehe in der Mission verbracht – in Indonesien, Malaysia und auf Reisen rund um den Globus. Ihrem Alter entsprechend geht es ihnen gut; sie sind weitgehend gesund geblieben. Ihre gemeinsam verlebte Zeit zog in einer Diashow an uns vorüber, und ich beobachtete fasziniert, wie 50 Jahre Lebenszeit die Haarfarbe, den Muskeltonus, die Hautelastizität und den Taillenumfang eines Menschen verändern.

Damals waren Lora und ich gerade mal 22 Jahre verheiratet und ich habe versucht, mir vorzustellen, wie wir unsere goldene Hochzeit wohl feiern würden. Genauer gesagt, habe ich mich natürlich gefragt, wie sich unser *Äußeres* verändern wird. Die Rechnung ist relativ einfach. Ich bin dann 77 Jahre alt und Lora … hm … etwas jünger.

Beim Betrachten meiner Schwiegereltern dachte ich: *Was werden wir für ein Bild abgeben? Werden wir einfach faltigere*

Gesichter als jetzt haben? Ein paar Pfunde mehr auf den Rippen? Welche Haarfarbe? Werde ich überhaupt noch Haare auf dem Kopf haben?

Wenn wir jemals darüber nachdenken, wie wir uns im Lauf unseres Ehelebens verändern, dann kommen uns allzu oft nur Äußerlichkeiten in den Sinn – unsere Körper. Dabei stellt sich eigentlich eine viel wichtigere Frage: Wenn Gott uns unsere goldene Hochzeit gemeinsam erleben lässt, wie wird es dann in unserem *Inneren* aussehen?

Anders ausgedrückt ... werden wir unseren inneren Zusammenhalt als Paar bewahren?

- Eine liebevolle Beziehung haben? Oder gerade so mit Ach und Krach zusammenbleiben?
- Werden wir uns einander nah und miteinander verbunden fühlen? Oder leben wir vielleicht wie zwei Fremde unter einem Dach?
- Werden wir unsere Tage bewusst miteinander gestalten? Oder werden die Monate und Jahre einfach so an uns vorüberziehen?

In Psalm 90,12 heißt es: „Mach uns bewusst, wie kurz unser Leben ist, damit wir endlich zur Besinnung kommen!" Das ist der älteste der Psalmentexte. Er wurde von Mose gegen Ende der Reise der Israeliten durch die Wüste verfasst. Zu dieser Zeit gab es viel Widerstand, Aufruhr, Frustration und Schwierigkeiten. Immer wieder in dem Psalm erinnert Mose die Israeliten daran, wie schnell das Leben vorbeigeht: „Tausend Jahre sind für dich wie ein einziger Tag, wie ein Tag, der im Flug vergangen ist, wie eine Stunde Schlaf“ (Vers 4). Er spricht auch davon, dass uns nur eine begrenzte Anzahl von Tagen zur Verfügung steht: „Unser Leben dauert siebzig, vielleicht sogar achtzig Jahre. Doch worauf wir stolz sind, ist nur Mühe, viel Lärm um nichts! Wie schnell eilen die Jahre vorüber! Wie rasch fliegen sie davon!“ (Vers 10)

Jedes Mal, wenn ich diese Stelle in Psalm 90 lese, wird mir bewusst, wie schnell die Zeit vergeht. Haben wir nicht eben noch silberne Hochzeit gefeiert? Es fühlt sich so an, als hätten wir gestern erst geheiratet! Die Geburt unserer Kinder ist noch gar nicht lange her, dabei studieren zwei von ihnen schon und die anderen beiden machen auch bald Abitur. Die Zeit ist in den vergangenen 26 Jahren nur so verflogen! Wer sich das klarmacht, der erkennt, wie schnell auch *50* Jahre vergehen können – besonders im Hinblick auf unsere Ehe.

Als das ganze Abenteuer mit unserer Hochzeit anfing, schien es, als hätten wir eine Ewigkeit vor uns. Aber dann haben sich die Ereignisse nur so überstürzt. Babys wurden geboren. Berufliche Wege haben sich verändert. Die Kinder kamen in die Schule. Es gab finanzielle Engpässe. Und bevor man es sich versieht, dreht sich die Jahresuhr immer schneller und das Leben zieht vorüber.

Inmitten dieser Veränderungen verhalten sich viele Paare in Bezug auf ihre Ehe passiv und wachen erst auf, wenn sie eines Tages merken, dass etwas schiefgelaufen ist. Ihre Ehen geraten in einen Zustand, den man als Versäumnismodus bezeichnen könnte: Das bedeutet, wir lassen die Dinge einfach laufen und nehmen keinerlei Einfluss darauf. Wäre es nicht viel besser, wenn wir vorbeugend aktiv werden könnten, damit unsere

Ehen sich weiterentwickeln? Wir haben folgenden Vorschlag: Hört auf, eure Paarbeziehung zu vernachlässigen. Legt euch ins Zeug dafür! Ihr braucht einen Plan. Denkt an das nur zu wahre Sprichwort: *Wer versäumt zu planen, der plant zu scheitern.*

Wer seine Ehe nicht aktiv pflegt, rutscht schnell in den Versäumnismodus. Üblicherweise geben wir dann häufiger Versuchungen nach und bemühen uns nicht mehr so sehr um ein gottgefälliges Verhalten. Im Versäumnismodus werden wir eigennützig, wir fangen an, unseren Ehepartner vor Freunden zu kritisieren, die das hinnehmen und sogar fördern. Wir geben uns Fantasien hin, die bald mehr Macht über uns bekommen als die Realität, und die Hoffnung, dass sich unser Eheleben wieder verbessert, schwindet.

Der Versäumnismodus bewirkt, dass wir in unseren Alltagsroutinen steckenbleiben. Vielleicht habt ihr schon jetzt immer wieder dieselben Auseinandersetzungen, ohne dass ihr zu einer Lösung kommt. Das ist bei vielen Paaren so, denn die meisten nehmen ihre Ehen für selbstverständlich, ohne je darüber nachzudenken. Liegt das Hauptproblem nicht häufig darin, dass wir uns nicht genügend Zeit füreinander nehmen? Das ist nämlich die Grundvoraussetzung für eine gute Ehe!

Nur wer vorausschauend handelt, nimmt seine Beziehung ernst und trägt aktiv zu ihrem Gelingen bei. Der Fokus liegt dabei eher auf der ständigen Verbesserung unserer ehelichen Beziehung als auf der Schadensbegrenzung, die erst stattfindet, wenn es zur Krise kommt. Dafür lohnt es sich, Zeit zu investieren und ganz bewusst an sich zu arbeiten.

Interessanterweise ist es eines der Hauptprobleme, die wir bei den Paaren beobachten, die zu uns in die Eheberatung kommen, dass es ihnen so schwerfällt, einander jede Woche eine gemeinsame Zeit einzuräumen. Viele sind davon überzeugt, dass diese Zeit einfach fehlt. Geht es euch auch so? Dann überlegt einmal, wie viel Zeit ihr den folgenden Beschäftigungen widmet:

- Fernsehen
- Überstunden
- Kino
- Arbeit in Ausschüssen
- Lesen
- Gespräche mit Freunden
- Sport, aktiv oder passiv
- Einkaufstouren
- Lieblingshobbys
- Computerspiele
- ehrenamtliche Tätigkeiten
- Teilnahme oder Organisation von Gemeindeaktivitäten

Bestimmt geht ihr einigen dieser Aktivitäten regelmäßig jede Woche nach. Wenn das so ist, dann habt ihr definitiv auch Zeit, die ihr in eure Ehe investieren könntet. Oder ist etwa einer diese Punkte wichtiger als eure Ehe?

„Moment mal!“, sagt ihr jetzt vielleicht. „Auf der Liste steht doch auch Gemeindearbeit! Ist das etwa keine gute Sache?“ Natürlich ist es das, aber es gibt tatsächlich Christen, die höchst ehrenwerte Gemeindemitglieder sind, ihre Ehepartner aber überhaupt nicht respektvoll behandeln und ihnen nicht die Zeit zugestehen, die sie verdienen. Natürlich dienen wir Jesus mit unserem Engagement in der Gemeinde, aber die Kirche als solche würde auch davon profitieren und authentischer sein, wenn ihre Mitglieder ihre Ehen so führen würden, wie Gott sich das wünscht – ist das nicht viel wichtiger als die Mitarbeit in der Kirche? Wer eine gute Ehe führt, gewinnt dadurch Energie und hat eine Ausstrahlung auf andere, die er wiederum für seine Kirchengemeinde einsetzen kann.

In vielen Ehen herrscht ständige Zeitnot. Wir erleben das in der Eheberatung immer wieder. Das Problem ist nicht, dass die Paare sich nicht mehr lieben. Die Konflikte sind auch oft gar nicht so groß, dass man sie nicht bewältigen könnte. Aber es fehlt die Entschlossenheit, an ihrer Ehe zu arbeiten, und deshalb fühlen sie sich nicht mehr ausreichend miteinander verbunden. Wir entfernen uns innerlich voneinander. Wochen und sogar Monate vergehen ohne ein offenes Gespräch darüber, was in der Ehe gerade ansteht. Das war doch zu Beginn unserer Beziehung ganz anders, oder?

Fast jedes Paar, das am Hochzeitstag in der Kirche gestanden hat, hat sich geschworen, eine authentische und lebendige Ehe zu führen. Niemand hat hinter dem Rücken die Finger gekreuzt, als es zum Treueversprechen kam. Alle waren aufgeregt, voller Vertrauen und Hoffnung in die Zukunft. So ist es Lora und mir gegangen. Aber nach ungefähr sechs Jahren waren wir nur noch mit unseren Kindern beschäftigt und hatten bereits verschiedene Lebensphasen durchlaufen. Das war der Zeitpunkt, an dem wir uns mit vier anderen Paaren zusammengetan haben, die wir alle sehr schätzten, und anfingen, uns einmal pro Woche zu treffen. An diesen gemeinsamen Abenden haben wir über die Fortschritte in unseren Ehen gesprochen und Pläne für einen anderen, bewussteren Umgang mit unseren Ehepartnern gemacht.

Jeder Beziehung tut es gut, wenn sie bewusst gepflegt wird. Wäre es nicht hilfreich, wenn man beispielsweise jede Woche eine Anregung für ein gutes Gespräch über den Status quo in unserer Ehe bekäme – einen Anstoß, der die geistliche, emotionale und körperliche Weiterentwicklung fördert?

Genau dafür ist dieses Buch gedacht! Jede Woche könnt ihr als Paar eine Frage beantworten, die euch den Einstieg in ein offenes und ehrliches Gespräch erleichtern soll, das euch mehr Verbundenheit und Freude miteinander schenkt! Das dauert unter Umständen nur ein paar Minuten! Manchmal werdet ihr euch an frühere Zeiten erinnern und zusammen lachen. Ein anderes Mal werdet ihr verschiedene Aspekte eurer Ehe bewerten oder miteinander träumen und Pläne für die Zukunft schmieden. Es wäre schön, wenn unser Buch den Paaren, die eine Krise durchleben, neue Hoffnung gibt, den glücklichen Paaren hilft, ihre gute Beziehung zu stärken, und den Frischverheirateten eine einzigartige Möglichkeit bietet, sich besser kennenzulernen.

Die bewusste Pflege unserer Paarbeziehung in der Ehe ist eine unschätzbar wertvolle Investition, die sich nicht nur für die Ehe selbst auszahlt. Wir alle hinterlassen schließlich auch ein Erbe für unsere Kinder und Freunde. Es liegt an uns, was wir hinterlassen; vielleicht besteht dieses Erbe aus einem Mangel an bewusstem Miteinander oder sogar Apathie. Aber wir können auch bewusst etwas für unsere innere Verbundenheit tun und die Jahre, die wir miteinander erleben, genießen und nicht ungenutzt verstreichen lassen.

Tut etwas für euer Wohlbefinden als Paar! Es ist nicht damit getan, die Jahre bis zur goldenen Hochzeit einfach auszusitzen. Wer es auf viele glückliche Jahre bringen will, sollte jetzt in seine Ehe investieren!

1. Neue Zeiten

Wie können wir das Beste aus den Gesprächen für unsere Ehe herausholen?

Mach uns bewusst, wie kurz unser Leben ist,
damit wir endlich zur Besinnung kommen!
PSALM 90,12

••••••••

Unser Leben ist vollgepackt mit Terminen. Wir arbeiten, gehen unseren Hobbys nach, meistern den Alltag und fahren die Kinder herum – das alles lastet uns so aus, dass wir für die bewusste Beschäftigung mit unseren Ehepartnern eigentlich gar keine Zeit haben. Wir unternehmen nicht mehr viel gemeinsam. Zärtliche Momente sind selten geworden. Es gibt kaum noch Gelegenheit für intensive Gespräche. Und wir fragen uns, warum zwischen uns nicht mehr dasselbe Gefühl von Nähe herrscht wie früher.

Wenn wir eine gute, gottgefällige Ehe voller Vertrautheit führen wollen, müssen wir uns einander bewusst zuwenden. Wir erklären uns dazu bereit, an der geistlichen, emotionalen und körperlichen Intimität in unserer Ehe zu arbeiten. Jede

Woche investiert ihr eine bestimmte Zeit für Gespräche über eure Beziehung zueinander.

Die erste Frage dient als Anregung: Sprecht über eure jeweiligen Erwartungen und klärt, wie ihr eure regelmäßigen Gesprächszeiten organisieren wollt. Wie könnt ihr die wöchentliche Frage am besten beantworten?

- Wann wollt ihr die Frage beantworten? (*Vielleicht vor dem Schlafengehen? – Das funktioniert meist sehr gut!*)
- Wo werdet ihr darüber reden? (*Ihr solltet einander gegenübersitzen, macht es lieber nicht über das Telefon oder das Internet.*)
- Wer legt die Zeit fest? (*Ehemänner, jetzt seid ihr gefragt!*)
- Wer beantwortet die Frage zuerst? (*Wie wäre es, wenn ihr das ausknobelt?*)
- Seid ihr bereit, nach eurem Gespräch miteinander zu beten?
- Was, wenn eine der Fragen zu einem Streit führt?
- Wären die Gespräche nicht ein guter Anlass, ein gemeinsames Tagebuch zu beginnen?

Lasst euch durch diese Fragen bloß nicht unter Druck setzen. Dafür ist dieses Buch nicht gedacht. Wir wollen lediglich eine Hilfe für eure Ehe anbieten. Dieser Workshop soll euch vor allen Dingen ermutigen. Manchmal fällt uns das Mitmachen nicht leicht. Aber es lohnt sich. Klärt also ab, wie ihr die Gesprächsimpulse angehen wollt, und los geht's!

Es ist oft schwer, gut miteinander zu kommunizieren, aber wer eine rundum gelungene Ehe führen will, kommt nicht darum herum.
Wo Sprachlosigkeit herrscht, gerät die Ehe in Gefahr.
Bleibt im Gespräch miteinander, denn sonst ist eure Ehe zum Scheitern verurteilt.

R. C. SPROUL

• • • • • • • •

2. So bin ich

Was bedeutet für euch Intimität?

Darum verlässt ein Mann seine Eltern und
verbindet sich so eng mit seiner Frau,
dass die beiden eins sind mit Leib und Seele.
Der Mann und die Frau waren nackt,
sie schämten sich aber nicht.

1. MOSE 2,24-25

• • • • • • • •

Intimität ist ein Wort, das viele Bedeutungen haben kann. Manche Leute denken an tiefgründige Gespräche über Gefühle – ein perfektes Bild für Intimität. Andere stellen sich einen Spaziergang am Strand vor, bei Sonnenuntergang. Für andere ist *Intimität* ein Synonym für Sex.

Eine Wörterbuchdefinition lautet: „ein inneres, vertrautes Verhältnis zu einer anderen Person, meist mit Zuneigung oder Liebe verbunden". Aber kann Intimität nicht viel mehr sein? Am deutlichsten wird das vielleicht, wenn man das Wort von dem Superlativ *intra* ableitet, „innen". Es geht darum, dass wir in einer Beziehung absolut offen miteinander umgehen, Verletzlichkeit zulassen und authentisch sind. Wir erlauben unserem Partner, in unser Innerstes hineinzusehen und zeigen ihm, wie es uns wirklich geht.

Häufig wird Intimität mit Intensität verwechselt. Vielleicht haben wir viele Jahre geglaubt, dass es unserer Ehe guttut, wenn wir eine tolle Liebesnacht verbringen – oder übers Wochenende wegfahren, damit es mal wieder richtig knistert. Wir haben versucht, unser Zusammensein intensiver zu gestalten. Großartige Ausgehabende und romantische Ausflüge stärken unsere Beziehung natürlich, aber ein Garant für mehr Nähe sind sie nicht. Um unsere Intimität zu steigern, müssen wir uns bewusst Zeit füreinander nehmen und gegenseitig die Abgründe unserer Seelen öffnen.

Am Ende von 1. Mose 2 sehen wir das erste Mal diese Intimität zwischen Mann und Frau. Gott hat den Himmel und die Erde erschaffen und schließlich eine Frau für Adam geformt. Ich stelle mir das als einen perfekten Hochzeitstag vor, an dem Adam seine Frau von Gott übergeben wurde. In 1. Mose 2,25 heißt es: „Der Mann und die Frau waren nackt, sie schämten sich aber nicht." Das Wort *nackt* trägt an dieser Stelle zwei Bedeutungen, und zwar sowohl die körperliche als auch eine entblößte Reinheit im übertragenen Sinne. Aber es war noch mehr als das! Adam und Eva erlebten sich als „ein Fleisch": Sie waren zwar vollständig nackt – körperlich, gefühlsmäßig, ganz intim – aber sie fühlten keinerlei Scham.

Wenn wir zulassen, dass unser Partner uns so sieht und kennt, dann entsteht echte Intimität. Scham verhindert offenbar, dass wir uns unserem Partner vollständig zeigen. Unsere Scham sagt uns: „Das kann ich ihm/ihr nicht erzählen", oder: „Wenn er dies oder jenes über mich wüsste …" Die Scham lässt sich nur überwinden, wenn wir uns bedingungslos geliebt und angenommen fühlen. Letztendlich ist das eine Gnade, die von

Gott kommt, aber oft wird uns diese Gnade auch über unsere Ehepartner vermittelt. Wir müssen lernen, uns in der Ehe „mit allen Ecken und Kanten" anzunehmen, wie meine Großmutter immer zu sagen pflegte. Nur wenn wir unseren Ehepartner ohne Wenn und Aber akzeptieren, entsteht eine Atmosphäre, in der wir nackt und ohne Scham miteinander leben können. Und das ist der Nährboden für echte Intimität.

Probiert diese Woche einmal Folgendes aus: Jeder erstellt eine Liste mit Hinderungsgründen, warum sie bzw. er bestimmte Gedanken, Gefühle oder Wünsche nicht mit dem Partner bzw. der Partnerin teilen kann. Sprecht darüber und sucht nach Wegen, wie ihr mehr Gnade und Verständnis füreinander aufbringen könnt.

> Wenn eine Ehe gelingen soll, ist Intimität unverzichtbar. Es erfordert viel Mut, zu seinem Ehepartner zu sagen: „So bin ich. Ich bin nicht stolz darauf – tatsächlich ist es mir ein bisschen peinlich –, aber das ist mein wahres Ich."
>
> *BILL HYBELS*

3. Einander sehen und kennenlernen

Welche körperlichen Eigenschaften mögt ihr an eurem Ehepartner am meisten?

Du hast mich geschaffen – meinen Körper und meine Seele, im Leib meiner Mutter hast du mich gebildet. Herr, ich danke dir dafür, dass du mich so wunderbar und einzigartig gemacht hast! Großartig ist alles, was du geschaffen hast – das erkenne ich! Schon als ich im Verborgenen Gestalt annahm, unsichtbar noch, kunstvoll gebildet im Leib meiner Mutter, da war ich dir dennoch nicht verborgen.

PSALM 139,13-15

• • • • • • • •

Mein Vater hat ganz besonders die Hände meiner Mutter geliebt.

Ich kann mich erinnern, dass ich als Teenager oft gehört habe, wie er ihr das gesagt hat. Er fand sie „klein, schön und perfekt“. Damals dachte ich: „Es sind doch einfach nur Hände. Was ist daran so besonders? Ich werde meiner Frau irgendwann etwas Besseres sagen!“

Viele Jahre später, als meine Mutter schon tot war, kam ich eines Tages in die Küche, als mein Vater das Geschirr abwusch. Beim Näherkommen bemerkte ich, wie ihm Tränen über das Gesicht liefen und fragte, was denn los sei. Seine Antwort werde ich nie vergessen: „Jedes Mal, wenn ich Seifenblasen in einem Spülbecken sehe, muss ich an die Hände deiner Mutter denken und daran, wie viel Geschirr sie im Lauf der Jahre abgespült hat. Ich vermisse sie so sehr. Ich vermisse vor allem ihre Hände, die so viel Gutes und Liebes für uns getan haben."

Es ist gut und richtig, wenn wir die körperlichen Eigenschaften unserer Ehepartner mögen. Wer durch das Hohelied des Salomo blättert, erhält Einblick in die körperlichen Freuden eines jungen Paares (Frauen sollten Hohelied 5,10-16 lesen, Männer Hohelied 7,1-9). In diesen beiden Abschnitten finden sich überaus poetische, sinnliche Beschreibungen, wie diese jungen Liebenden voneinander geträumt und ihre jeweiligen Körper wahrgenommen haben. Dieser betont körperliche Blick aufeinander kann sehr lustvoll sein. Auch das ist gut und richtig.

Dennoch besteht der Kern der dauerhaften Liebe nicht nur aus dem Körperlichen – die Verbindung ist tiefer und intimer, setzt ein inneres Verständnis voraus … mehr Intimität … Leidenschaft … Zärtlichkeit. In einer Ehe, in der echte Intimität herrscht, ist das Innere unseres Partners ebenso wichtig wie das Äußere, meist sogar noch wichtiger. Manchmal gerät das in unserer an Bildern orientierten Kultur in Vergessenheit.

Mein Vater hat im Lauf seiner Ehe verstanden, dass die äußere Schönheit der Hände meiner Mutter tatsächlich eine viel größere Bedeutung hatte – sie stand für ihren Charakter. Mein

Vater konnte in ihren Händen ihre freundlichen Berührungen erkennen, alles, was sie für uns getan hat und ihre tiefen Gefühle für ihn und unsere ganze Familie.

Ich wünsche euch viel Vergnügen mit der heutigen Frage. Ergreift die Gelegenheit, euch an dem Körper eures Partners bzw. eurer Partnerin zu erfreuen, und verteilt einmal großzügig Komplimente. Denkt daran, dass die Zeit unser Äußeres verändert, neu formt und altern lässt. Wenn wir unseren Körper aber als Ausdruck einer inneren Schönheit und Stärke sehen, wird deutlich, dass wir uns über die Jahre weiterentwickeln und immer schöner werden können.

Wer seinen Partner wertschätzt, empfindet es als ein Privileg, einem Geschöpf Gottes gegenüberzustehen.

DAN B. ALLENDER UND TREMPER LONGMAN III

• • • • • • • •

4. Das Leben genießen

Welche gemeinsamen Aktivitäten oder Hobbys habt ihr? Was wollt ihr Neues zusammen ausprobieren?

Ein fröhlicher Mensch lebt gesund; wer aber ständig niedergeschlagen ist, wird krank und kraftlos.

SPRÜCHE 17,22

• • • • • • • •

An einem Samstagnachmittag hat Lora mir einmal etwas Unglaubliches gesagt.

Man stelle sich folgende Szene vor: Es war ein verregneter Samstagnachmittag im Oktober, so gegen 15 Uhr, mitten in Tennessee. Der Fernseher lief seit 9 Uhr morgens – zu diesem Zeitpunkt beginnt eine unserer Lieblingssendungen. Und ich muss zugeben, dass ich solche Herbstsamstage wie geschaffen dafür finde, es sich auf dem Sofa gemütlich zu machen ….

Da kam Lora zur Tür herein. Sie war den Großteil des Vormittags unterwegs gewesen und fand mich am selben Ort vor, wo sie mich verlassen hatte – mit unseren beiden Söhnen vor dem Fernseher, wo die Football-Sendung immer noch lief. Und in diesem Augenblick sprach sie folgende erstaunliche Worte aus: „Ich finde es toll, wenn ihr zusammen Football schaut. Es ist so ein schöner Anblick, du und die Jungs, wie ihr gemeinsam das Spiel verfolgt."

Wow! Was für ein erhebender Moment. Noch nie hat ein Mann sich von einer Frau so verstanden gefühlt! Ich meine damit, dass sie sich auf eine ganz außergewöhnliche Weise in mich hineinversetzt hat. Ich dachte: *Na endlich, das ist also eine Freizeitbeschäftigung, die uns beiden Spaß macht! Ich sehe mit unseren Söhnen Football, und Lora sieht uns dabei zu!*

So ist das natürlich nicht immer. Wer echte, *gemeinsame* Interessen hat, ist natürlich klar im Vorteil. Alles, was uns beiden Freude macht, verbindet, macht Spaß und gibt uns eine gemeinsame Basis. Das muss nicht zwangsläufig eine Menge Geld kosten. Auch Spaziergänge, Fahrradtouren, Wandern, Kochen, Gärtnern, Tanzen, Golf, Tennis, Bowling, Reisen, Restaurants besuchen, Spiele spielen oder sogar der Besuch von Sportveranstaltungen bringen uns zusammen. Diese Liste könnte man endlos fortsetzen. Wichtig ist dabei nur, dass es euch beiden Spaß macht und dass ihr euch die Zeit nehmt, es auch wirklich regelmäßig zu tun. Vieles in der Ehe ist anstrengend und kostet Kraft. Gerade deshalb sollten wir auch bewusst schöne Dinge zusammen unternehmen und uns gemeinsam entspannen. Erstellt einfach einmal eine Liste möglicher Freizeitbeschäftigungen. Sieht euer Kühlschrank vielleicht so ähnlich aus wie unserer? Dann hängen vermutlich zahlreiche Magnete daran, die wichtige Bilder und Zettel festhalten. Dann klemmt ihr jetzt einfach ein weißes Blatt Papier dazu (ihr könnt den

Zettel natürlich auch an eine Pinnwand oder eine Zimmertür hängen), schreibt „Gemeinsame Aktivitäten" obendrauf und sammelt eine Woche lang Vorschläge für gemeinsame Unternehmungen. Eine Woche später nehmt ihr die Liste dann ab und kreist ein paar Sachen ein, die ihr ausprobieren wollt.

Im Buch der Prediger wimmelt es nur so von Weisheiten über die Irrwege und Kürze des Lebens. Immer wieder betont Salomo, wie flüchtig alles ist und dass wir so viel Unnützes und Vergebliches tun. Doch in der Mitte von Kapitel 9 ermutigt er uns dazu, das Leben mit dem Menschen zu genießen, den wir lieben. Überlegt, wie ihr in dieser Woche gemeinsam eine schöne Zeit miteinander verbringen könnt und lest Salomos Worte in Prediger 9,7-9 in mehreren Übersetzungen. Er ermutigt uns, mitten im Leben Zeit zu finden, einander zu genießen und uns des Lebens zu erfreuen. Das tut unserer Ehe gut!

> Viele Leute sind angetan von meinem WM-Ring. Aber ich bin viel stolzer auf meinen Ehering. In einer guten Ehe steckt doch wohl viel mehr Arbeit und Ausdauer, als zum Gewinnen einer Weltmeisterschaft nötig ist.
>
> *TRENT DILFER*

• • • • • • • •

5. In guten wie in schlechten Zeiten

Nennt drei besondere Stärken eurer Ehe. In welchem Bereich könnt ihr euch noch verbessern?

Erwirb Einsicht und übe dich im richtigen Urteilen. Vergiss meine Ratschläge nicht! Trenne dich nie von der Weisheit, liebe sie, so wird sie dich beschützen und bewahren.

SPRÜCHE 4,5-6

• • • • • • • •

In Psalm 90,12 werden wir eingeladen, uns unsere Sterblichkeit bewusst zu machen, „auf dass wir klug werden“ (LÜ). Natürlich wissen wir, dass unsere Tage gezählt sind – aber was sagt das über den Wert der uns verbleibenden Zeit aus? Wann habt ihr als Paar zuletzt *bewusst* über eure Beziehung nachgedacht? Es geht hier nicht darum, wann ihr zuletzt gestritten oder euch übereinander beschwert habt. Aber nehmt ihr euch in regelmäßigen Abständen Zeit, euch vorbeugend und ganz bewusst als Ehepaar miteinander zu beschäftigen?

Wer das tut und sich einander zuwendet, hat die Chance, verschiedene Dinge zu verändern, bevor ein Streit ausbricht.

Zunächst einmal entsteht dadurch die Möglichkeit, sich der positiven Aspekte zu vergewissern. Schließlich gibt es in jeder Ehe Bereiche, in denen es gut läuft und es ist wohltuend, sich darin zu bestärken. Wer seine Stärken kennt, weiß, worauf er aufbauen kann.

Zweitens ist es natürlich auch wichtig für eine Beziehung, dass ehrlich Kritik geäußert werden kann. In jeder Ehe gibt es Schwachstellen, an denen es immer wieder zu Konflikten kommt und wo man sich manchmal wie festgefahren fühlt. Hier sollten wir ein offenes Gespräch suchen und in einer ruhigen Minute über Lösungen nachdenken. Redet über das, womit ihr unzufrieden seid!

Psalm 90,12 schließt damit, dass wir „klug werden" sollen. Wer in seiner Ehe eine ehrliche Bestandsaufnahme macht, wird dabei mit Sicherheit dazulernen. Tauscht euch also aus – und wundert euch nicht, wenn ihr unterschiedliche Meinungen habt! Hört einander gut zu. Vermutlich werdet ihr nicht alles, was hier zur Sprache kommt, innerhalb einer Woche lösen können. Der erste Schritt besteht darin, euch eurer Stärken bewusst zu werden. Dann macht ihr ein Brainstorming möglicher Konfliktthemen – daran könnt ihr arbeiten. Es wird euch zusammenschweißen, wenn ihr das Gefühl habt, an einem Strang zu ziehen!

Herr, hilf uns, Dinge zu ändern, wenn wir Fehler gemacht haben. Wenn wir alles richtig machen, dann lass uns nicht eingebildet oder übermütig werden.

PETER MARSHALL

• • • • • • • •

6. Geistlich verbunden

Wie könnt ihr einander geistlich näherkommen?

„Denn wo zwei oder drei in meinem Namen zusammenkommen, bin ich in ihrer Mitte."

MATTHÄUS 18,20

• • • • • • • •

Lora und ich haben einen gemütlichen Abend mit Freunden verbracht, deren jüngstes Kind vor Kurzem angefangen hat zu studieren. Für sie hatte ein neuer Lebensabschnitt begonnen: Das Nest war leer. Neugierig erkundigten wir uns, wie das ihren Alltag und ihre Ehe verändert hatte.

Eines der ersten Dinge, die sie erwähnten, war, wie toll sie es fanden, am Samstagabend den Gottesdienst zu besuchen. Der Sonntag war nun wirklich zum Ruhetag geworden – fast wie ein Sabbat. Am Sonntagmorgen lasen sie zusammen in der Bibel und unterhielten sich darüber. Sie beteten miteinander. Sie genossen die Ruhe.

Diese auch für sie neue Routine machte mich neidisch. Euch geht es vermutlich nicht anders, aber Lora und ich können zurzeit definitiv keinen einzigen Vormittag gemeinsam verbringen. Schließlich dämmerte es mir, dass ich nicht wirklich auf die freie Zeit neidisch war, über die unsere Freunde nun verfügten, sondern dass ich mich danach sehnte, mit Lora mehr geistliche Nähe zu erleben.

Wir fallen in vielen Bereichen unserer Ehe so leicht in Routinen – und ganz besonders in geistlicher Hinsicht. Wie geht es euch damit? Könnt ihr bewusst daran arbeiten, dass ihr auch geistlich zusammenwachst? Wie sehen eure täglichen Gebetsgewohnheiten aus? Das Familienministerium hat kürzlich eine Studie durchgeführt und Tausende von Paaren befragt, die an ihrem Hochzeitstag verreisten. Weniger als acht Prozent dieser Paare beteten regelmäßig zusammen!

Wir beten zwar häufig *für*einander, aber nur selten *mit*einander. Dabei passiert etwas sehr Schönes, wenn wir das tun. Wer gemeinsam mit seinem Partner betet, erlebt eine besondere Nähe. Man öffnet sich füreinander und das stärkt das gegenseitige Vertrauen.

Wenn ihr in diesem Bereich etwas verändern wollt, dann fangt heute damit an. Ein kurzes, schlichtes Gebet genügt. Am besten macht ihr das jetzt gleich: Jeder von euch wählt ein besonderes Gebetsanliegen, dann nehmt ihr euch 30 Sekunden lang Zeit und betet gemeinsam. Es ist so einfach und vielleicht bildet es den Anfang eines enormen Wachstumsschubs in eurem geistlichen Leben.

Es tut unserer Ehe gut, wenn wir uns auch geistlich nah sind.

Für eine gute Ehe ist es zunächst einmal nicht am wichtigsten, dass wir einander kennen, sondern dass wir Gott kennen.

GARY THOMAS

• • • • • • • •

7. Nähe fürs Wohlbefinden

Wie zufrieden seid ihr mit eurer körperlichen Intimität? Was möchtet ihr verändern?

Sein linker Arm liegt unter meinem Kopf, und mit dem rechten hält er mich umschlungen.

HOHELIED 2,6

• • • • • • • •

Was fällt euch zu diesem Thema als erstes ein? Die meisten Männer denken jetzt wahrscheinlich: *Endlich geht es mal um Sex*! Dabei ist die Frage viel breiter angelegt. Sprecht über eure körperliche Intimität (keine Sorge, Männer; wir werden bald mehr ins Detail gehen).

Natürlich gehört Sex zur körperlichen Intimität, aber es geht auch darum, einander zu berühren – die Hand zu halten, sich zu umarmen, sich auf dem Sofa aneinander zu kuscheln, sich gegenseitig die Füße oder den Rücken zu massieren, sich zärtlich zu küssen, zu knuddeln und vieles mehr. All das tun wir wie von selbst, wenn wir uns ineinander verlieben. Mit den Jahren lässt der Impuls jedoch nach und die Zeiten des zärtlichen Beisammenseins werden immer seltener. Dabei sind es oft die einfachen Gesten, die unserem Partner nicht nur unsere Zuneigung bestätigen, sondern auch zeigen, wie sehr wir das Zusammensein genießen.

In den vergangenen Jahren hat es viele Untersuchungen dazu gegeben, wie Hautkontakt unsere Beziehung zu anderen Menschen beeinflusst. Schließlich haben wir auf diese Weise zuerst kommuniziert, bevor wir sprechen gelernt haben. Forscher haben herausgefunden, dass Menschen, die viel Körperkontakt haben, eine größere Verbundenheit empfinden, weniger gestresst sind, einander mehr vertrauen und vielleicht sogar besser im Sport sind! Für eine Studie wurde die Häufigkeit der Berührungen zwischen Mannschaftskollegen in einer Spielsaison gezählt (sich „die Fünf" geben, Schulterklopfen, Umarmungen etc.). Das Ergebnis zeigte, dass die erfolgreichen Teams sich viel häufiger berühren als die schlechten!

Körperkontakt ist ein hervorragendes Mittel, die Intimität in der Ehe zu verbessern. Und es ist überaus hilfreich, sich darüber ein paar Gedanken zu machen. Vielleicht genügt es für den Anfang, wenn man sich darauf einigen kann, dass körperliche Intimität auch Dinge einschließt wie die Hand halten, Umarmungen, Massagen, Küsse, Streicheleinheiten etc. Überlegt gemeinsam, was für euch alles wichtig ist in eurer Ehe, und entwerft einen Plan, wie eure körperliche Intimität in Zukunft aussehen könnte. Wundert euch nicht, wenn dabei Dinge zur Sprache kommen, mit denen ihr unzufrieden seid, obwohl es euch gar nicht bewusst war. Das ist nicht schlimm! Hauptsache, ihr redet darüber und seid bereit, daran zu arbeiten. Oft besteht der erste Schritt darin, dass ihr euch einfach euer Zusammensein in der Zukunft vorstellt.

Allzu oft wird die Bedeutung einer Berührung, eines Lächelns, eines freundlichen Worts, eines offenen Ohrs, eines ehrlichen Kompliments und anderer freundlicher Gesten unterschätzt. Dabei haben all diese Dinge die Kraft, unser Leben grundlegend zu verändern.

LEO BUSCAGLIA

• • • • • • • •

8. Gemeinsam träumen

Wohin würdet ihr gerne verreisen? Ohne darüber nachzudenken, ob sich das realisieren lässt und was das kosten würde: Was wäre euer Traum-Urlaubsziel?

Gott aber kann viel mehr tun, als wir jemals von ihm erbitten oder uns auch nur vorstellen können. So groß ist seine Kraft, die in uns wirkt.

EPHESER 3,20

• • • • • • • •

Vor einigen Jahren sollte einer unserer Söhne für ein Schulprojekt eine Auslandsreise planen. Als Reiseziel wählte er Madrid. Dazu gestaltete er eine Powerpoint-Präsentation und erläuterte, wie er dorthin kommen und wo er übernachten würde, in welchen Restaurants er zu essen gedachte und welche Sehenswürdigkeiten er besichtigen wollte. Und während ich ihm über die Schulter sah, als er am Abend für seinen Vortrag übte, merkte ich, dass ich selber unglaublich gerne einmal nach Spanien fahren würde! Es dauerte nicht lange, da recherchierte ich selber im Internet die Orte, die ich gerne einmal besuchen würde. Google Earth macht es möglich, dass ich den Eiffelturm besichtigte, außerdem den Buckingham Palace sah und die Oper in Sydney. Großartig!

In Wirklichkeit bin ich mit meinen Reiseplänen und Unternehmungen immer sehr realistisch. Ich habe gar keine Zeit, mich großen Träumen hinzugeben, weder was Fernreisen angeht noch die kleineren Dinge des Lebens betreffend. Es erscheint mir ganz normal, praktisch zu denken und einfach das Naheliegende zu tun. Aber man sollte trotzdem das Träumen nicht ganz aufgeben – vor allem nicht in der Ehe. Manchmal hilft es, sich nur zum Spaß ein paar Illusionen hinzugeben (wie bei der heutigen Frage). Manchmal hilft es uns aber auch, die Zukunft besser in den Griff zu bekommen (wenn es um Ersparnisse geht, Wohnungswechsel, Aufgaben in der Gemeinde etc.). Träume können uns zeigen, wo wir in unserer Ehe stehen und wie wir uns gemeinsam weiterentwickeln können.

Wer träumt, macht sich Hoffnungen. Und wer auf etwas hofft, fasst leichter Vertrauen – nicht nur in Bezug auf unsere Träume, sondern auch Gottes Plan für unser Leben betreffend. Schließlich sind unsere Ehen besser als alles, worum wir bitten, woran wir denken oder wovon wir träumen. Mit anderen Worten: Unsere Träume geben uns das Vertrauen, dass Gottes Plan noch besser ist als unsere eigenen Pläne und Träume! Der Pfarrer Eugene Peterson hat das Buch Epheser folgendermaßen paraphrasiert: „Gott vermag alles, das wisst ihr – viel mehr, als ihr euch vorstellen oder erraten oder euch in euren wildesten Träumen ausmalen könnt! Er schreibt uns nicht vor, was wir tun sollen, sondern er arbeitet im Stillen und verändert mit seinem Geist unser Innerstes“ (Epheser 3,20-21, *The Message*).

Wenn ihr in dieser Woche also über eure Träume sprecht, dann denkt daran, dass Gott immer eine gute Absicht verfolgt. Träumt gemeinsam und hofft, dass sich eure Träume erfüllen. Dabei werdet ihr feststellen, dass Gott in eurem Leben einen guten und perfekten Plan verfolgt – ganz gleich, wie ihr euch euren Urlaub dieses Jahr gedacht habt!

Ich würde lieber in einer Welt leben, wo mein Leben von einem Mysterium umgeben ist, als in einer Welt, die so klein ist, dass selbst ich sie vollständig verstehen kann.

HARRY EMERSON FOSDICK

• • • • • • • •

9. Daumen hoch und Augenzwinkern

Wie zeigt ihr euch eure Zuneigung? Was erwartet ihr voneinander?

Liebe ist geduldig und freundlich. Sie ist nicht verbissen, sie prahlt nicht und schaut nicht auf andere herab. Liebe verletzt nicht den Anstand und sucht nicht den eigenen Vorteil, sie lässt sich nicht reizen und ist nicht nachtragend.
Sie freut sich nicht am Unrecht, sondern freut sich, wenn die Wahrheit siegt. Liebe ist immer bereit zu verzeihen, stets vertraut sie, sie verliert nie die Hoffnung und hält durch bis zum Ende.

1. KORINTHER 13,4-7

• • • • • • • •

Eine Frage: Wer war der „Zauberer von Westwood"?

In den USA weiß das jedes Kind: John Wooden. Er war 27 Jahre lang Trainer der UCLA – ein absolut legendärer Basketballtrainer. Seine geradezu übersinnlichen Fähigkeiten auf dem Basketballfeld brachten ihm den Spitznamen „Zauberer von Westwood" ein. Innerhalb von zwölf Jahren gewann er zehn nationale Meisterschaften, sieben davon hintereinander. Er starb 99-jährig, blieb aber bis ins hohe Alter quicklebendig.

John Wooden war mehr als ein Basketballtrainer mit Zauberkünsten. Er war nämlich außerdem ein unglaublicher Ehemann für seine Frau Nell. John und Nell waren 53 Jahre verheiratet, bis sie 1985 starb. John behauptete, sie sei seine Jugendliebe gewesen und das einzige Mädchen, das er je geküsst habe. In seiner Autobiografie *They Call Me Coach* schrieb er: „Alles, was ich in meinem Leben erreicht habe, verdanke ich ihrer Liebe, Treue und Loyalität, die mich in unseren gemeinsamen Jahren getragen haben."

Seit ihrem Tod hat John seiner Frau jeden Monat einen Liebesbrief geschrieben, um die Erinnerung an sie wachzuhalten. Er sprach mit viel Zärtlichkeit über sie, voller Liebe und Leidenschaft. John schrieb: „[In der Oberschule] zeigte sie mir vor jedem Spiel, … wenn unsere Blicke sich trafen, ihren erhobenen Daumen und ich zwinkerte mit den Augen oder nickte ihr zu. Das hat bis zum letzten Spiel gewirkt, bei dem ich als Trainer dabei war … Sie ist wirklich das Beste, was mir in meinem ganzen Leben passiert ist."

Das sind starke Sätze für einen Basketballtrainer, oder?

Eines meiner Lieblingszitate von John Wooden folgt gleich am Kapitelende. Er hat wie kein anderer verstanden, dass eine Liebesbeziehung aus Geben und Nehmen besteht. Stellt euch das Leben dieses Zauberers vor, lest, was er aufgeschrieben hat, und überlegt, wie ihr einander in eurer Ehe eure Liebe besser zum Ausdruck bringen könnt.

Liebe bewegt uns wie nichts sonst. Wir schenken sie. Wir teilen sie. Wir verzeihen einander. Wir gehen rücksichtsvoll miteinander um. Liebe macht uns geduldig. Wir hören nie auf zu lernen. Und wir haben immer unsere bessere Hälfte im Hinterkopf, die zweite Person in unserem Leben. Man kann etwas schenken, ohne zu lieben. Aber Liebe empfinden, ohne das Bedürfnis zu schenken? Das gibt es nicht.

JOHN WOODEN

10. Tränen lachen

Worüber könnt ihr von ganzem Herzen zusammen lachen?

Einen fröhlichen Menschen erkennt
man an seinem strahlenden Gesicht.
SPRÜCHE 15,13A

• • • • • • • •

Als ich noch ein Kind war, haben mein Vater und ich uns stundenlang Platten von seinen Lieblingskomikern angehört. Später, als ich ein Teenager war, haben wir im Fernsehen eine Sitcom geguckt, wo wir uns mit dem Vater-Sohn-Duo identifizieren konnten, weil sie ähnliche Auseinandersetzungen hatten wie wir zu dieser Zeit. Obwohl seither einige Jahrzehnte vergangen sind, fällt uns immer mal wieder ein Spruch aus diesen Sendungen ein und wir lachen uns schlapp darüber.

Lachen ist die beste Medizin. Viele Untersuchungen haben gezeigt, dass Menschen mit Sinn für Humor weniger oft krank sind als sauertöpfische Leute. An der Universität von Maryland hat man herausgefunden, dass es einen Zusammenhang zwischen dem Lachen und der Gesundheit des Herz-

Kreislauf-Systems gibt. Lachen tut also tatsächlich unserem Herzen gut! Das ist nichts Neues. Salomo hat diese Weisheit bereits vor vielen Jahren im Buch der Sprüche aufgeschrieben. Selbst in schwierigen Zeiten tut es uns gut, wenn wir lachen können. Lora und ich haben viele Konflikte dadurch entschärft, dass wir über etwas lachen mussten, was eines unserer Kinder in einem kritischen Moment getan oder gesagt hat. Unser Sohn Jacob hat eine besondere Begabung, geistreiche Einzeiler einzuwerfen, die einem Gespräch, das er zufällig belauscht hat, eine völlig andere Richtung geben können. Oft genügt so ein irritierender Moment der Leichtigkeit, damit unsere Sicht zurechtgerückt wird und wir das Problem wieder in den Griff bekommen, einfach, weil wir zusammen darüber gelacht haben.

Eines sollte man dabei allerdings nie vergessen: Zusammen lachen ist etwas ganz anderes als übereinander lachen. Lachen kann auch zur Waffe werden oder Sarkasmus ausdrücken, und damit verletzen wir unseren Ehepartner. Es ist nie gut, wenn Lachen oder Humor dazu benutzt wird, um einen Konflikt oder Leid zu überdecken.

Aber wenn wir in unserer Ehe zusammen lachen können, ist Humor etwas sehr Wertvolles; wir fühlen uns miteinander verbunden, es hilft uns, eine Situation besser zu bewältigen, stärkt unsere Zuneigung, erzeugt gemeinsame Erinnerungen und baut eine Brücke zur Versöhnung. Wer lernt, miteinander zu lachen, stärkt das Zusammengehörigkeitsgefühl in der Ehe.

Haltet Ausschau nach Dingen, über die ihr gemeinsam lachen könnt: Filme, Sitcoms, Geschichten oder Witze, manchmal sind es auch bestimmte Freunde, die unseren Humor herauskitzeln. Natürlich ist das Leben an vielen Stellen ernst und manchmal voller Herausforderungen. Aber es gibt immer auch Gelegenheiten, bei denen wir lachen können. Das bereichert unsere Ehe und hält unsere Herzen gesund.

Tägliches Lachen ist ein Kraftspender für eure Ehe.

DRS. LES UND LESLIE PARROTT

••••••••

11. Weißt du noch …?

Habt ihr besondere Erinnerungen an euren Hochzeitstag und eure Flitterwochen?

Erfreue dich an deiner Frau,
die du als junger Mann geheiratet hast.
SPRÜCHE 5,18

• • • • • • • •

Ihr erinnert euch bestimmt an die Geschichte im Alten Testament, als Gott für Mose und die Israeliten das Rote Meer geteilt und ihnen die Flucht vor den Ägyptern ermöglicht hat. Später in der Geschichte der Israeliten hat Gott noch einmal etwas Ähnliches getan – in Josua 3 wird beschrieben, wie er auf wunderbare Weise den überfluteten Fluss zurückgehalten hat, damit die Israeliten auf ihrem Weg ins Gelobte Land den Jordan durchqueren konnten.

In Kapitel 4, nachdem sie den Fluss erfolgreich hinter sich gelassen hatten, befiehlt Gott ihnen, eine Gedenkstätte aus Steinen zu errichten, als Zeichen für zukünftige Generationen, damit sie sich an seine Güte und Verlässlichkeit erinnern. Gott wusste, dass schwere Zeiten auf die Israeliten zukamen, in denen sie eine solche Gedächtnisstütze dringend brauchen würden. Die Fähigkeit der Erinnerung ist für unseren Glauben unschätzbar wertvoll.

Dasselbe gilt auch für unsere Ehe. Wir sollten uns immer wieder Zeit nehmen für gemeinsame Erinnerungen.

Folgende Übung könnt ihr gemeinsam machen: Nehmt euch die Bibel und lest Josua 3,1-4,8. Achtet besonders darauf, was in dieser Geschichte passiert und wie das Volk Israel mit Gottes Anweisung, sich an seine Güte und Treue zu erinnern, umgeht. Sammelt einige Steine und errichtet ein eigenes Denkmal. Es gibt viele Möglichkeiten, solche „Erinnerungssteine" zu sammeln: Erzählt euren Kindern oder Freunden Geschichten. Seht euch euer Hochzeitsfotoalbum an. Ruft jemanden an, der eure Hochzeitsfeier miterlebt hat und den ihr länger nicht mehr gesehen habt. Schaut euch das Video von eurer Hochzeit an. Welche Geschichten gibt es aus euren Flitterwochen? Wir haben in Chicago geheiratet und sind dann für die Flitterwochen nach Südkalifornien geflogen. An unserem ersten Morgen in Spring Palms ist uns eine unserer größten Diskrepanzen bewusst geworden: Ich schlafe gerne lange aus – und Lora ist eine Frühaufsteherin! Wegen der Zeitumstellung saßen wir am dritten Morgen unserer Ehe um 5.45 Uhr in einer heißen Badewanne – einer von uns sehr glücklich, der andere nur mit dem Gedanken, so bald wie möglich wieder ins Bett zu kriechen! Darüber lachen wir heute noch.

Wir alle haben unsere Ehen mit hohen Erwartungen begonnen, wir haben uns große Hoffnungen gemacht und einander viel versprochen. Mit der Zeit geht manchmal etwas von diesem ersten Feuer und dem Engagement verloren – manchmal wahren wir nur den Schein, manchmal wird es wirklich schwierig und herausfordernd, an anderen Tagen haben wir einfach so viel anderes zu tun und finden keine Zeit füreinander. Wie die Israeliten neigen wir zur Vergesslichkeit.

Dabei tut es gut, wenn man Erinnerungen pflegt. Wenn wir die Vergangenheit aufleben lassen, können wir lachen und die glücklichen Anfänge unserer Ehe Revue passieren lassen. Auf diese Weise freuen wir uns auch über Gottes Treue und Güte, und zwar sowohl in unserem Leben als auch in unserer Ehe.

> Der Kern der Ehe besteht aus Erinnerungen; und wenn ihr beide dieselben habt und sie gerne hervorholt, dann ist das ein Geschenk.
>
> *BILL COSBY*

12. Voller Erwartungen

Habt ihr unterschiedliche Erwartungen an eure Ehe?

Endloses Hoffen macht das Herz krank;
ein erfüllter Wunsch schenkt neue Lebensfreude.
SPRÜCHE 13,12

• • • • • • • •

Zu Beginn unserer Ehe war uns gar nicht bewusst, was wir alles für Erwartungen hatten. Trotzdem hatten wir welche, und zwar in vielerlei Hinsicht: Erwartungen, wofür wir Geld ausgeben oder Geld sparen wollten, wie wir unsere Freizeit verbringen würden, Erwartungen an Freundschaften, Urlaube, Sex, Gespräche, Autokäufe – was immer euch in den Sinn kommt, überall spielen Erwartungen eine Rolle.

Wenn zwei Leute sich in einer Ehe zusammenschließen, bringen sie auch eine enorme Menge verschiedenster Erfahrungen mit. Unsere Erwartungen stammen also aus unseren Herkunftsfamilien, aus unseren Kirchengemeinden, aus den Medien, unserem Kulturkreis und so weiter. Erwartungen als solche sind nie richtig oder falsch, aber wir sollten darüber sprechen und sie verstehen. Wenn das nicht geschieht, werden wir früher oder später enttäuscht, und das entfremdet uns voneinander. Solche entmutigenden Erfahrungen sollten wir nach Möglichkeit vermeiden, denn dann fühlen wir uns abgewiesen oder werden bitter.

Oft fallen unsere Erwartungen in eine der folgenden Kategorien: unbekannt, unausgesprochen oder unrealistisch. Eine unbekannte Erwartung ist uns häufig gar nicht bewusst, sie ist in unserem Inneren verborgen. Oft entsteht sie in unserer Kindheit, wenn wir das Verhalten unserer Eltern beobachtet haben und die Erwartungshaltung quasi von ihnen „erben". Wir leiten aus dem, was wir bei unseren Eltern gesehen haben, unser eigenes Beziehungsverhalten ab und bemerken die Bedeutung unserer enttäuschten Erwartungen gar nicht, bis sich in unserer Ehe irgendetwas falsch anfühlt. Häufig geht es dabei um das eheliche Rollenverhalten (Haushalt, Bezahlen von Rechnungen etc.).

Manchmal sind uns unsere Erwartungen auch bewusst, wir sprechen aber nicht darüber. Auch das kann zu Konflikten in unserer Ehe führen. Wir denken dann vielleicht, dass unser Partner wissen müsste, was wir uns wünschen, obwohl er unsere Gedanken bekanntlich nicht lesen kann. Bei solchen Gelegenheiten werden wir wütend auf unseren Partner, weil er oder sie unsere Bedürfnisse missachtet – gegen alle Vernunft.

Und schließlich gibt es auch unrealistische Erwartungen, die oft am schwierigsten zu erkennen sind. Vor allem wenn wir anfangen, unsere Ehe mit anderen zu vergleichen, entwickeln wir leicht unrealistische Erwartungen, weil wir denken, in unserer Ehe sollte es vielleicht ebenso sein wie bei Freunden oder wir sollten das Gleiche tun wie sie. Unrealistische Erwartungen enthalten häufig Verallgemeinerungen wie „immer" und „nie“ („Wir wollen uns nie streiten“ oder „Immer kommst du zu spät“). Am Ende sind unsere Erwartungen unrealistisch, wenn wir von unserem Partner oder unserer Ehe etwas erwarten, was einfach nicht zu erfüllen ist.

Noch einmal: Erwartungen an sich sind etwas ganz Normales. Tatsächlich sind sie es, die unsere Hoffnungen und Träume wachsen lassen. Problematisch wird es nur, wenn sie uns nicht bewusst sind, wenn wir sie nicht aussprechen oder wenn sie unrealistisch sind. Wenn wir uns unsere Erwartungen bewusst machen und darüber reden, dann verringert sich die Kluft, die durch unerfüllte Erwartungen entstehen kann. Wir stärken unser Zusammengehörigkeitsgefühl, werden zufriedener und empfinden eine größere Nähe. Überlegt gemeinsam, wann eure Erwartungshaltung eurer Ehe schon einmal geschadet hat. Es kann hilfreich sein, auch die unbewussten, unausgesprochenen oder unrealistischen Erwartungen mit einzubeziehen. Nehmt euch die Zeit, diese Erwartungen zu benennen, damit sie euch nicht immer wieder in die Quere kommen.

> Je größer die Kluft ist zwischen dem, was wir erwarten, und unseren tatsächlichen Erfahrungen, umso eher fühlen wir uns entmutigt und lassen in unseren Bemühungen nach.
>
> *GARY SMALLEY*

13. Der Blick von außen

Was verrät eure Ehe denen, die euch nahestehen, über euren Umgang mit Liebe und Intimität?

Eine Generation soll der anderen von deinen großen Taten erzählen und schildern, wie machtvoll du eingegriffen hast. Deine Hoheit und Macht wird in aller Munde sein, und auch ich will stets über deine Wunder nachdenken.

PSALM 145,4-5

• • • • • • • •

Kürzlich habe ich mich mit meinem erwachsenen Sohn über Liebe, das erste Kennenlernen und die Ehe unterhalten. Mitten im Gespräch sagte er plötzlich: „Papa, romantisch ist eine Beziehung doch immer vor der Hochzeit. Ich meine, verheiratete Paare sehen eigentlich nie so aus, als ob sie besonders gerne zusammen wären. Sie managen nur noch ihren Alltag, so ähnlich wie Geschäftspartner. Statt schöne und witzige Abende miteinander zu verbringen, essen sie einfach nur Abendbrot und setzen sich anschließend vor den Fernseher." Und dann fragte er ganz direkt: „Papa, wann bist du zum letzten Mal richtig schön mit Mama weggegangen?"

Autsch!

Auch wenn es mir nicht passt, lernen meine Kinder durch mich eine Menge über Liebe und Intimität. Und zwar weniger durch das, was ich sage oder schreibe, als durch mein tatsächliches Vorbild – besonders, was mein Verhalten ihrer Mutter gegenüber betrifft. Vor denen, die mich so gut kennen, kann ich mich nicht verstecken. Manchmal verrät mein Verhalten meinen Ärger. Oder es enthüllt meinen Egoismus. Oft zeige ich mich apathisch, träge oder faul.

Die Art, wie wir unsere Ehe führen, verrät unseren Kindern, Familien und Freunden ganze Bände. Andere sehen unsere wahre Einstellung zu Liebe und Ehe daran, wie wir miteinander umgehen. Während ich das schreibe, fällt mir Johannes 13,35 ein, wo Jesus sagt: „An eurer Liebe zueinander wird jeder erkennen, dass ihr meine Jünger seid."

Oft sind es die kleinen, ganz einfachen Dinge, die unsere Zuneigung am besten ausdrücken: Wenn wir uns an der Hand halten, uns umarmen oder zärtlich küssen, „Ich liebe dich" sagen, einander Komplimente machen, uns anlächeln und miteinander lachen. Wenn Mann und Frau so ihre Gefühle füreinander zeigen, dann ist das mehr als die „Geschäftspartnerschaft", von der mein Sohn gesprochen hat. Aber es ist natürlich auch wichtig, dass man abends ausgeht. Joshs Beobachtung gilt für alle Ehen. Oft verbringen wir die schönste Zeit miteinander, bevor wir heiraten, und geraten später unweigerlich in den Trott des gemeinsamen Abendessens und

Fernsehens. Es kommt auch vor, dass Ausgehabende in unsere übervollen Terminkalender gar nicht mehr hineinpassen oder dass wir aus Kostengründen oder Unentschlossenheit ganz darauf verzichten.

Das muss nicht so sein. Man kann es bewusst anders machen. Und unsere Ehen sind es immer wert, dass wir uns dafür anstrengen. Wie nehmen andere Leute eure Ehe wahr? Was sagt euer Verhalten über eure Gefühle? Gibt es Dinge, die ihr ändern wollt? Wann habt ihr euch das letzte Mal einen wirklich schönen Abend zusammen gemacht?

Unsere Ehe hat Vorbildcharakter für die nächste Generation, was Sex und Treue angeht. Wir sind wie Propheten, im Guten wie im Schlechten, für die Zukunft der christlichen Ehe.

EVELYN UND JAMES WHITEHEAD

14. Natürliche Schönheit

Welche Outdoor-Aktivitäten unternehmt ihr gerne gemeinsam?

Dem Herrn gehört die ganze Welt und alles,
was auf ihr lebt.

PSALM 24,1

• • • • • • • •

Die ersten Frühlingstage bringen neues Leben und viel Bewegung, besonders nach einem langen Winter. Alle in unserer Nachbarschaft scheint es hinauszuziehen, sie wollen die Schönheit der Schöpfung bewundern und fahren Fahrrad, wandern oder machen Picknicks! All diese Dinge tun uns gut. In den Gärten der Nachbarn werden aber auch die Blumenbeete gemulcht, der Hof gekärchert und die Garage aufgeräumt. Das bringt natürlich weniger Entspannung!

Es ist wirklich eine ausgezeichnete Jahreszeit, in der man nach draußen gehen und einige schöne Tage und angenehme Abende miteinander verbringen kann. Das macht Spaß, wir können aber noch viel mehr daraus ziehen – es bietet uns eine gute Gelegenheit für den Lobpreis. Wie uns das Buch 1. Mose lehrt, ist Gott ein großer Schöpfer. Er hat das Paradies als einen perfekten und schönen Ort geschaffen, an dem Adam und Eva gemeinsam leben konnten. Immer wieder finden wir in der Bibel Textstellen, die uns daran erinnern, wie schön es dort war (Psalm 24,1-2; Psalm 65,10-14; Psalm 104).

Für manche Menschen ist der Lobpreis ein Bedürfnis, das uns ganz unvermittelt überkommt, wenn wir nach draußen in die Natur gehen. Wir nehmen Gottes Kraft wahr, seine Größe und seinen Einfallsreichtum und all die schönen Dinge, die er geschaffen hat. Vielen Menschen fällt es besonders leicht, Gott zu loben, wenn sie einen Sonnenuntergang erleben, einen Gebirgsbach beobachten oder morgens die Vögel singen hören. Andere sind ständig so beschäftigt, dass sie diese Dinge gar nicht mehr wahrnehmen. Wenn euch das so geht, dann nehmt euch einmal die Zeit, die Welt dort draußen mit neuen Augen zu betrachten. Schaut euch gründlich um. Spitzt die Ohren. Holt tief Luft. Ihr werdet staunen, wie nah Gott euch plötzlich ist!

Vielleicht lässt sich das ganz leicht bewerkstelligen: Ihr braucht nur nächstes Wochenende einen Abendspaziergang um den Wohnblock zu machen. Überlegt euch beim Laufen, was ihr als Paar draußen unternehmen könntet. Genießt die Bewegung und geht unter der liebenden und schöpferischen Hand unseres guten Gottes.

Wenn ich an Gottes Sohn glaube und mir bewusst mache, dass er als Mensch gelebt hat, erscheinen mir alle Lebewesen plötzlich 100 Mal schöner als zuvor. Ich nehme die Sonne ganz anders wahr, den Mond, die Sterne, Bäume, Äpfel und Birnen, denn ich erkenne, dass er der Herr und der Mittelpunkt von allem ist.

MARTIN LUTHER

15. Wörtliche Liebe

Wie könnt ihr eure Liebe mit Worten ausdrücken? Was würdet ihr selbst gerne von eurem Partner hören?

Ein freundliches Wort ist wie Honig:
angenehm im Geschmack und gesund für den Körper.
SPRÜCHE 16,24

• • • • • • • •

Vor Tausenden von Jahren hat der weiseste Mann auf der Welt Folgendes aufgeschrieben: „Worte haben Macht: sie können über Leben und Tod entscheiden“ (Sprüche 18,21). Im dritten Kapitel des Markusevangeliums geht es darum, welchen Schaden wir mit Worten anrichten können. Wenn wir älter werden, lernen wir, dass Worte keineswegs „zum einen Ohr rein-, zum anderen rausgehen“. Besonders in unseren Ehen würden wir einen Konflikt manchmal lieber sportlich „ausfechten“, als uns der Grausamkeit verletzender Worte ausliefern!

Worte können unglaublich wehtun und wir müssen sorgsam damit umgehen. Wenn Ehekonflikte ausgetragen werden, sind Worte oft die schlimmste Waffe. Deshalb sollten wir sie vor allem dann benutzen, wenn wir ermutigen, unsere Liebe oder Zuneigung ausdrücken wollen. Wenn wir diese positive Sprache pflegen und häufig anwenden, nähern wir uns einander liebevoll an.

Häufig hat die Art, wie wir miteinander kommunizieren, auch etwas mit unserem Geschlecht zu tun. Generell reden Frauen mehr als Männer. Männer ringen oft regelrecht um Worte, wenn sie in einem Beratungsgespräch ihren Frauen eine Frage beantworten sollen. Dass sie in solchen Situationen um Worte verlegen sind, wird ihnen oft als Gleichgültigkeit, Schuldeingeständnis oder Übellaunigkeit ausgelegt, dabei kämpfen sie lediglich darum, als Männer die „richtigen" Worte zu finden. Manchmal ist es hilfreich, wenn wir bestimmte Sätze in unserer Ehe sagen können – auch wenn es Mühe kostet, sie zu lernen. Einige Beispiele:

- Ich liebe dich.
- Es tut mir leid.
- Lass uns zusammen etwas unternehmen.
- Ich vermisse dich.
- Ich vermisse unser Zusammensein.
- Du siehst gut aus!
- Ich bin gern mit dir zusammen.
- Bitte vergib mir.
- Ich mag es so, wenn du einfach da bist.
- Hoppla! Das war meine Schuld.
- Du bist die Beste!
- Ich respektiere deine Entscheidung.

- Das war egoistisch von mir.
- Los, lass uns schnell nach Hause gehen!
- Wir müssen reden.

Als wir mit den wöchentlichen Gesprächen angefangen haben, wollten wir ganz bewusst an der Intimität in unserer Ehe arbeiten. Versucht das diese Woche, indem ihr euch ein paar Minuten Zeit nehmt, in denen ihr Dinge aufschreibt, die ihr gerne einmal von eurem Partner hören würdet. Dann tauscht ihr euch aus.

Ein weiterer Schritt ist es, diese Worte im Alltag immer wieder zu verwenden. Wie oft sagt ihr diese Dinge, um euren Partner zu ermutigen und aufzubauen? Gebt ihr euch wirklich bewusst Mühe, liebe- und respektvoll miteinander zu sprechen? Denkt darüber nach und lest Epheser 4,15. Paulus' Worte können euch leiten, wenn es darum geht, „die Wahrheit in Worte zu packen".

Was du zu deinem Partner sagst, und vor allem, wie du es sagst, beeinflusst eure Beziehung ganz entscheidend. Euer Liebesleben wird besser oder schlechter werden, je nachdem, wie ihr miteinander kommuniziert.

DRS. LES AND LESLIE PARROTT

16. Inspirationsquellen für eure Ehe

Überlegt gemeinsam, ob es Ehepaare gibt, deren Beziehung ihr bewundert. Was erscheint euch nachahmenswert?

Selbst wer darin schon geübt ist,
kann noch dazulernen.
Neue Gedankenanstöße helfen ihm.

SPRÜCHE 1,5

• • • • • • • •

Macht eine Liste, auf die ihr vier oder fünf Paare schreibt, die eure Bewunderung erregen. Das können auch eure Eltern sein oder andere Familienangehörige, Freunde oder Nachbarn. Vielleicht kennt ihr auch jemanden in eurer Kirchengemeinde oder aus einer anderen Gruppe. Möglicherweise erlebt ihr diese Beziehungen eher aus der Ferne. Was gefällt euch am Umgang dieser Paare miteinander? Was könntet ihr vielleicht übernehmen?

Manchmal sehen wir auf die materiellen Güter, die ein Paar besitzt, und wünschen uns das gleiche. Ein größeres Haus. Ein schickeres Auto. Oder wir machen uns ein bestimmtes Bild von ihrer Ehe oder Familie, vergleichen das mit unserer und denken, dass sie es besser haben. So ist es natürlich nicht gemeint. Man kann sich aber auch von anderen Ehepaaren inspirieren lassen und etwas lernen. Wenn wir darauf achten, wie andere Paare miteinander umgehen, spüren wir eher, wie wir uns weiterentwickeln oder in bestimmten Bereichen verändern können. Überlegt, was ihr gut und nachahmenswert findet:

- Wie liebt der Ehemann seine Frau?
- Auf welche Art erweist sie ihrem Mann Respekt?
- Wie zeigen sie ihre Zuneigung?
- Wie sprechen sie übereinander?
- Welche Werte haben sie?
- Wie verhalten sie sich anderen gegenüber?
- Was haben sie für Gewohnheiten?
- Woran spürt ihr, dass sie einander treu sind und sich vertrauen?
- Was unternehmen sie gerne gemeinsam?

Vorsicht: Diese Übung kann euch schnell dazu verleiten, neidisch oder unzufrieden zu werden oder sogar ungesunde Fantasien zu entwickeln. Denkt immer daran: Es geht nicht darum zu vergleichen. Ihr sollt daraus lernen und miteinander träumen. Beobachtet andere Ehepaare und redet darüber, was ihr euch für eure Beziehung wünscht.

Hier noch eine weitere Idee: Wenn es eine Ehe gibt, die ihr wirklich vorbildlich findet, dann traut euch und fragt, ob das

Paar vielleicht einmal mit euch darüber reden würde. Vor einigen Jahren hat ein frisch verheiratetes Paar uns gefragt, ob wir sie abends besuchen und einige Fragen zu unserer Ehe beantworten würden. Es stellte sich heraus, dass die beiden mehrere Paare ausgewählt hatten, von denen sie lernen wollten, und sie hatten sich zwanzig Fragen überlegt, die sie uns stellten. Diese einfache Maßnahme erwies sich als ungemein wertvoll für ihre Ehe.

Wenn ihr das nächste Mal ein Paar seht, das eine gute und starke Ehe zu führen scheint, dann fragt euch, was ihr aus dieser Beziehung für euch mitnehmen könnt.

> Das große Geheimnis einer geglückten Ehe besteht darin, alle Katastrophen als Unfälle wahrzunehmen und keinen der Unfälle als Katastrophe.
>
> *HAROLD NICHOLSON*

17. Eine persönliche Einladung

Spürt ihr Gottes Aufforderung, etwas zu ändern oder an etwas zu wachsen? Wie könnt ihr ganz gezielt dafür beten?

Ich bete darum, dass eure Liebe immer reicher und tiefer wird und dass ihr immer mehr Weisheit und Einsicht erlangt. So lernt ihr entscheiden, wie ihr leben sollt, um am Gerichtstag Jesu Christi untadelig und ohne Schuld vor euren Richter treten zu können. Alles Gute, was Christus in einem von Schuld befreiten Leben schafft, wird dann bei euch zu finden sein. Und das alles zu Gottes Ehre und zu seinem Lob!

PHILIPPER 1,9-11

• • • • • • • •

Wachstum ist in unserer heutigen Zeit ein großes Thema. Natürlich wünschen wir uns, dass unser Vermögen wächst, damit wir eines Tages beruhigt in den Ruhestand gehen können. Wir arbeiten hart dafür, in unserem Beruf besser zu werden und dazuzulernen, damit wir in die Rolle hineinwachsen, die wir uns wünschen. Auch unsere Kinder sollen wachsen und sich weiterentwickeln, damit ihnen später möglichst viele Wege offenstehen. Wachstum ist aber auch wichtig für unseren Weg im Glauben, sowohl individuell als auch gemeinsam in unserer Ehe.

Wer geistlich wachsen will, wird das nicht immer leicht finden, denn damit sind auch Veränderungen in unserem Leben verbunden, und die fallen uns oft schwer. Wachstum bedeutet jedoch, dass wir Christus in unserem Leben wirklich und wahrhaftig nacheifern wollen. In dieser Welt wird spirituelles Wachstum uns auf unserer Reise immer begleiten. Außerdem brauchen wir andere, die uns anfeuern und dafür beten, dass Christus uns nach seinem Bild formt.

Was bedeutet das für unsere Ehe? Sollten wir nicht gegenseitig unsere größten Ermutiger sein? Eine der einfachsten und wirkungsvollsten Arten der Ermutigung im spirituellen Wachstum ist das Beten füreinander. Dabei sollten wir wissen, wo Gott sich Wachstum für unseren Partner wünscht, damit wir zuverlässig und regelmäßig füreinander beten können. Überlegt diese Woche gemeinsam, wo in eurem Leben ihr spirituelles Wachstum besonders braucht. Das kann ein vermehrtes Lesen in der Bibel bedeuten, Gebete, das Führen eines Tagebuchs, Gespräche über den Glauben mit Freunden, eine Gelegenheit zum Dienst in der Gemeinde oder auch das Ablegen einer schlechten Angewohnheit.

Unterhaltet euch darüber, wo ihr Wachstumspotenzial seht, und betet diese Woche nicht nur *für*einander, sondern auch *mit*einander. Wenn ihr das normalerweise nicht tut, dann probiert es einfach aus und betet mindestens einmal pro Woche gemeinsam. Ihr braucht dafür Demut und Vertrauen. Seid bereit, euch zu öffnen! In diesen Augenblicken erleben wir – gemeinsam –, dass wir uns vor diesem Einen beugen müssen, dessen Wege höher sind, dessen Weisheit größer, dessen Liebe reicher und dessen Plan besser ist. Diese Erfahrung macht Wachstum möglich.

Das Gebet ist ein natürlicher Ausdruck
unseres Glaubens, so wie das Leben uns atmen lässt.

JONATHAN EDWARDS

18. Zeit zu zweit

Was würdet ihr abends gerne einmal unternehmen? Entwerft einen genauen Plan, wie der Abend ablaufen soll!

Mächtige Fluten können [die Liebe] nicht auslöschen, gewaltige Ströme sie nicht fortreißen.

HOHELIED 8,7A

• • • • • • • •

Woran denkt ihr bei einem Abend zu zweit außer Haus? An ein nettes Restaurant? Einen Konzertbesuch? Besucht ihr gerne Sportveranstaltungen? Geht ihr lieber ins Kino oder tanzen? Wie wäre es mit einem Picknick im Freien?

Allzu leicht fallen wir in Alltagsroutinen, und solche Unternehmungen sind eine hervorragende Gelegenheit, einen neuen Funken zu entzünden und unsere Ehe wieder ins Lot zu bringen. Oft versuchen wir einen gemeinsamen Abend zu planen und zerbrechen uns dabei den Kopf, was unserem Partner wohl gefallen würde – zu Recht. Ich bin kein großer Fan von klassischer Musik, aber Lora liebt Konzertabende. Einmal habe ich sie an Weihnachten mit Karten für Händels *Messias* überrascht, da hat sie vor Freude Luftsprünge gemacht!

Bei anderen Gelegenheiten habe ich mir Dinge verkniffen, weil ich Angst hatte, dass Lora das nicht mögen würde (zum Beispiel Stehplatzkarten für ein Fußballspiel reservieren!). Was also, wenn man sich beim Planen dabei ertappt, dass man eigene Wünsche berücksichtigt? Das klingt zunächst einmal egoistisch. Aber es kann auch bedeuten, dass man seinen Partner in *seine* Welt einlädt und ihm etwas zeigt, besonders, wenn man den Abend für zwei Personen plant.

Träumt und überlegt gemeinsam, wie *euer* perfekter Abend aussehen könnte. Jedes Detail sollte bedacht werden, also zum Beispiel, wie der Abend beginnt, wo ihr hingeht, was ihr macht und wie ihr das Ereignis ausklingen lassen wollt! Scheut euch nicht, darüber zu sprechen. Das ist eine gute Gelegenheit, etwas zu erleben, woran ihr euch als Ehepaar lange erinnern könnt.

Lasst eurem Einfallsreichtum freien Lauf!

Seid ehrlich miteinander.

Und Vorsicht: Es ist gut möglich, dass Pläne für zwei sehr verschiedene Abende entstehen! Aber das macht nichts. Männer und Frauen sind schließlich unterschiedlich. Vielleicht ergibt es sich, dass ihr an einem Wochenende eine Sportveranstaltung besucht und am nächsten eine Musterhausausstellung. Das eine Mal macht ihr ein Picknick, das andere Mal lasst ihr euch in einem malerischen Restaurant verwöhnen, wo festlich getafelt wird. Es gehört zu den besonders schönen Dingen in der Ehe, dass wir die Vorlieben und Interessen unseres Partners immer wieder neu kennenlernen können, auch und gerade, wenn sie ganz anders sind als unsere eigenen.

Wenn ihr über eure Vorstellungen gesprochen habt, holt beide eure Kalender und legt zwei Termine für diese besonderen Abende zu zweit fest, und zwar in der näheren Zukunft. Ich wünsche euch viel Spaß dabei!

> Eine erfolgreiche Ehe zeichnet sich dadurch aus, dass man sich immer wieder neu verliebt, und zwar in ein und dieselbe Person.
>
> *D. W. MCLAUGHLIN*

19. Die Sprachen der Liebe

Was könnt ihr füreinander tun, damit ihr euch besonders angenommen und geliebt fühlt?

Wichtiger als alles andere ist die Liebe. Wenn ihr sie habt, wird euch nichts fehlen. Sie ist das Band, das euch verbindet.

KOLOSSER 3,14

• • • • • • • •

1992 hat ein Eheberater ein Buch über ein Beziehungsmuster veröffentlicht, das alle Paare aufwiesen, die in seine Beratung kamen. Er hatte erkannt, dass jeder Mensch seine Liebe auf eine besondere Art ausdrückt und sich dadurch in seinen Gefühlen bestätigt fühlt, und er bildete daraufhin fünf verschiedene Kategorien. Über zwanzig Jahre war dieses Buch ein Bestseller. Zahllose Menschen haben dadurch verstanden, wie Paare Liebe schenken und empfangen können. Dieses Buch, *Die Fünf Sprachen der Liebe* von Dr. Gary Chapman, hat sich millionenfach verkauft und beinhaltet eine einfache und doch durchschlagende Botschaft: Wir müssen herausfinden, wie wir unseren Partnern unsere Liebe mitteilen können. Er benennt fünf Sprachen: Lob und Anerkennung, Zweisamkeit, Geschenke, Hilfsbereitschaft und Zärtlichkeit und merkt dazu an, dass die meisten von uns auf eine oder zwei dieser Sprachen ganz besonders gut reagieren.

Es gibt Menschen, die sich vor allem durch Lob und Anerkennung angesprochen fühlen. Komplimente, Ermutigung und Bestätigung füllen ihren Liebestank wie nichts sonst. Menschen, die das brauchen, um sich geliebt zu fühlen, werden durch beleidigende und herabsetzende Kommentare entsprechend verletzt.

Die zweite Sprache der Liebe ist die Zeit, die wir miteinander verbringen. In den ersten Jahren unserer Ehe wollte Lora oft einfach nur mit mir spazieren gehen und das Zusammensein genießen. Ich fand das eher anstrengend und lästig und habe es immer wieder abgelehnt. Es hat Jahre gedauert, bis wir herausgefunden haben, dass ihr Wunsch, mit mir spazieren zu gehen, in ihrer Liebessprache den Wunsch nach Zweisamkeit ausdrückt.

Andere fühlen sich vor allem dann geliebt, wenn sie Geschenke erhalten. Diese Liebessprache zielt meist darauf ab, dass man sich viele Gedanken über diese Geschenke macht – sie brauchen deshalb nicht teuer zu sein. Geschenke werden zu greifbaren Symbolen der Zuneigung, und der Preis und die Größe des jeweiligen Geschenks sind daneben gar nicht so wichtig. Auch eine einzelne Blume, ein Lieblingsschokoriegel oder etwas Selbstgemachtes kommunizieren das dahinterstehende Gefühl.

Die vierte Sprache der Liebe besteht in Diensten, die wir uns erweisen. Diese Sprache wird häufig im Haushalt angewendet, wenn wir kochen, putzen, Rechnungen bezahlen, Wäsche aufhängen, staubsaugen, einen Ölwechsel machen. Obwohl diese Dinge auf den ersten Blick nur Aufgaben sind, die erledigt werden müssen, können sie für die Menschen, die diese Sprache verstehen, auch Zuneigung ausdrücken.

Schließlich gibt es noch die Sprache der körperlichen Berührung, und das sollte man keineswegs auf sexuelle Kontakte beschränkt sehen. Zärtlichkeit kommuniziert unsere Liebe sehr wirkungsvoll, wenn wir uns umarmen, uns an der Hand halten, die Füße oder den Rücken massieren und vieles mehr.

Einige von uns kennen Dr. Chapmans fünf Sprachen der Liebe schon lange, aber dies ist eine gute Gelegenheit, uns einmal Rückmeldung zu geben, wie gut wir unserem Partner unsere Liebe mitteilen können und inwieweit wir dabei auf seine besondere Sprache Rücksicht nehmen. Für andere ist das vielleicht auch neu (lest das Buch unbedingt gemeinsam). Wenn wir die jeweils andere Liebessprache erlernen und unsere Liebe gut verständlich ausdrücken, stärkt das unsere Zuneigung – und tut unserer Ehe gut.

> Liebe erweisen wir immer einer anderen Person, nie uns selbst.
>
> *GARY CHAPMAN*

20. Ein offenes Ohr

Wie könnt ihr einander besser zuhören?

Seid immer sofort bereit, jemandem zuzuhören;
aber überlegt genau, bevor ihr selbst redet.
Und hütet euch vor unbeherrschtem Zorn!

JAKOBUS 1,19B

• • • • • • • •

Als ich ein kleiner Junge war, hat meine Mutter oft zu mir gesagt: „Gott hat dir zwei Ohren und einen Mund gegeben, damit du doppelt so viel zuhören kannst wie reden.“ Heute, Jahrzehnte später, bin ich mir manchmal immer noch nicht so sicher, ob ich dieses weise Sprichwort wirklich verinnerlicht habe – insbesondere, was meine Ehe betrifft. Lora und ich haben intensiv daran gearbeitet, unsere Kommunikation zu verbessern, und trotzdem fallen wir immer wieder in alte Muster zurück. Wenn es Missverständnisse zwischen uns gibt, dann liegt es meist daran, dass einer von uns (und das bin meistens ich!) nicht richtig zugehört hat.

Die Fähigkeit, gut zuzuhören, ist wirklich immens wichtig, manchmal wichtiger als das, was wir zu sagen haben. Nehmt euch doch heute einmal folgendes vor: Arbeitet als Paar zusammen und erstellt eine eigene Liste von Arten, wie ihr einander besser zuhören könnt. Hier einige Anregungen für den Anfang:

1. Es redet immer nur einer; der jeweilige Gesprächspartner konzentriert sich aufs Zuhören.

2. Wer zuhört, hält Augenkontakt mit seinem Partner. Lasst euch nicht ablenken. Gebt zu verstehen, dass ihr zuhört, indem ihr mit dem Kopf nickt oder von Zeit zu Zeit ein „hm-hm“ von euch gebt.

3. Folgendes solltet ihr *vermeiden*: Unterbrecht den anderen nicht. Widersprecht nicht. Urteilt nicht. Bleibt aufmerksam.

4. Fasst anschließend kurz zusammen, was ihr euch gemerkt habt. Wenn euer Partner fertig ist, solltet ihr eine kurze Rückmeldung geben. Beispielsweise: „Was ich gehört habe, ist folgendes …“

5. Redet über eure Gefühle. Ein guter Zuhörer zeichnet sich nicht nur dadurch aus, dass er Informationen aufnimmt; auch der emotionale Aspekt sollte berücksichtigt werden. Beispielsweise: „Du scheinst ziemlich traurig darüber zu sein, dass …“

6. Seid neugierig. Stellt einander Fragen. Denkt an die drei wichtigsten Worte beim Zuhören: „Sprich weiter, bitte.“

Noch ein Gedanke zum Schluss: Gutes Zuhören ist für jede Ehe wichtig. Wer diese Fähigkeit nicht beherrscht, weiß nicht, wie es seinem Ehepartner gerade geht. Oft hören wir nur hin, wenn ein Streit ausbricht oder wenn wir eine gepfefferte Antwort geben und das, was unser Ehepartner uns eigentlich sagen wollte, untergeht. „Zuhören und sich einen Gesamteindruck verschaffen" – das bedeutet, dass man lernt herauszuhören, was wirklich gemeint ist, und nicht nur ein Wort oder einen Satz herauszieht, der gerade etwas in uns selbst auslöst. Diane Sollee, die bei einem Eheinstitut arbeitet, beschreibt das folgendermaßen:

„Stnudein an der Cmabrigde Uinervtisy hbaen eregben, dass es kneie Rolel spliet, in wlecher Rheienfloge die Buhcsatben shteen, solngae der estre und ltzete Buhcsatbe scih am ritchiegn Paltz bfeidnen. Dre Rset kann vllöig drechuindaner sien, man kann es onhe Porbmele lseen. Das lgiet draan, dass das mnshcelchie Ghrien nhcit jdeen Buhcsatben enzlien lesit, snedorn jdees Wrot als Gnzaes. Esnutarilch, oedr?"

Sie fährt fort: „Ich kann mir vorstellen, dass diese Methode auch für die Kommunikation zwischen Ehepartnern Anwendung finden kann. Versucht, die tiefere Bedeutung herauszuhören, statt euch mit Kleinigkeiten aufzuhalten."

> Wem zugehört wird, der fühlt sich geliebt –
> beides ist untrennbar miteinander verbunden.
>
> *DAVID AUGSBURGER*
>
> • • • • • • • •

21. Anregungen für eure sexuelle Intimität

Was müsste sich verändern, damit euer Sexleben schöner und befriedigender wird?

Achtet die Ehe, und haltet euch als Ehepartner die Treue.

HEBRÄER 13,4A

....

Gott hat uns mit unserer Sexualität erschaffen und das ist gut so. Trotzdem handelt es sich um einen der häufigsten ehelichen Konfliktpunkte. Wenn Paare zu uns in die Beratung kommen, fällt es ihnen oft schwer, über ihre Wünsche und Sehnsüchte zu sprechen. Es scheint viel einfacher, sich zu beklagen und frustriert zu sein, als das präzise auf den Punkt zu bringen, was wir gerne verändern würden.

Kommunikation ist wichtig für jede gut funktionierende Ehe. Wir müssen uns mit so vielen Themen beschäftigen – mit unseren Kindern, mit Geldangelegenheiten, unseren Schwiegereltern, mit dem nächsten Urlaub und unserem geistlichen Wachstum. Deshalb ist es wichtig, dass wir die Gedanken, Gefühle und Träume unseres Partners kennen. Über all das können wir reden – über unsere finanzielle Situation, Urlaubspläne, Stundenpläne der Kinder und Reiseziele. Aber wenn es um sexuelle Intimität geht, haben viele Paare Schwierigkeiten, überhaupt ins Gespräch zu kommen – dabei ist es auch hier wichtig, gemeinsam an der Verbesserung des Sexuallebens zu arbeiten. Häufig sind solche Dinge leichter mit guten Freunden zu bereden als mit unserem Ehepartner.

Dafür gibt es sicher verschiedene Gründe: Es kann Angst im Spiel sein, Schamgefühl oder eine ungelöste Spannung, vielleicht sogar unterschwelliger Ärger. Was immer dahintersteckt, irgendwann müssen wir diese Hemmschwelle überwinden und ein wichtiges Gespräch führen, und die heutige Frage ist ein Ausgangspunkt dafür. Hier einige Hinweise, wie dieses Gespräch einen guten Verlauf nimmt:

1. Sagt eurem Ehepartner, dass ihr über euer Sexleben reden wollt und überlegt gemeinsam, wann ein guter Zeitpunkt dafür ist.

2. Sprecht offen miteinander über eure Gefühle, Gedanken und Wünsche.

3. Versucht, euren Partner wirklich anzuhören und zu verstehen. Fragt nach, um eventuelle Missverständnisse auszuschließen.

4. Denkt daran, dass dies nur ein Anfang ist; ihr müsst nicht sofort alles ein für alle Mal klären. Sicher gibt es noch andere Gelegenheiten.

5. Wählt etwas aus, worüber ihr euch einigen könnt, und überlegt, wie ihr das Problem gemeinsam angehen werdet.

Hier ein weiterer Vorschlag, wie ihr über euer Sexleben reden könnt. Wechselt euch mit den folgenden Sätzen ab:

- Wenn wir sexuell intim werden, wünsche ich mir von dir …
- Wenn wir Sex haben, hätte ich gerne, dass du …
- Ich mag es nicht, wenn du beim Sex …
- Nach dem Sex fände ich es schön, wenn …

Denkt daran, dass Gott die Sexualität geschaffen hat – sie war seine Idee; deshalb ist sie gut für uns. Redet darüber, wie ihr sein Geschenk gemeinsam genießen könnt.

> Sollte die körperliche Liebe in der Ehe nicht auch eine ganz grundlegende geistliche Qualität haben? Ich glaube, dass das so ist.
>
> *C. J. MAHANEY*

22. Hochs und Tiefs

Was war in der letzten Woche das schönste Ereignis für euch? Was war die größte Herausforderung?

Auf einen Freund kannst du dich immer verlassen;
wenn es dir schlecht geht, ist er für dich
wie ein Bruder.

SPRÜCHE 17,17

• • • • • • • •

Wenn ihr die Unterhaltung unserer Familie beim Essen hören könntet, dann würde euch auffallen, wie oft Lora die Kinder fragt: *Wie war denn heute euer Tag*? Das ist eine ganz einfache Frage, die unsere Kinder dazu auffordert, zu erzählen, was gut gelaufen ist und was weniger gut. Die Antworten kommen häufig schnell und klingen eher allgemein, aber sie schaffen eine Atmosphäre, in der manchmal auch tiefer gehende Gespräche entstehen.

Die heutige Frage beschäftigt sich mit den Höhen und Tiefen in unserem Alltag. Wir wollen uns wirklich bewusst machen, was aktuell bei uns abläuft – mitten in unseren vollgepackten Terminkalendern! Es tut gut, wenn wir wissen, was für Höhepunkte der andere erlebt und den Spaß und die Aufregung teilen können. Vielleicht haben wir ein neues Restaurant entdeckt oder irgendwo eine witzige Geschichte aufgeschnappt. Genauso wichtig ist es zu wissen, welchen Herausforderungen euer Ehepartner sich stellen musste – ob er einen anstrengenden Tag mit den Kindern hatte oder eine frustrierende Situation an der Arbeit.

Die Höhen und Tiefen im Leben seines Ehepartners zu kennen ist aber nur der Anfang. Im nächsten Schritt könnt ihr versuchen, euch mit einzubringen und füreinander Sorge zu tragen. Wir sollten also nicht einfach nur Informationen austauschen, sondern auch wirklich verstehen, wie sich unser Ehepartner fühlt und was er denkt. Dann erst können wir unsere Anteilnahme zeigen. Manchmal gibt es ganz konkret etwas, das wir tun können. Oder wir hören einfach zu und zeigen so unser Mitgefühl.

In jedem Fall können wir unsere Anteilnahme zeigen, indem wir gemeinsam beten. Oft erscheint es uns naheliegender, *für*einander zu beten. Aber es ist etwas ganz Besonderes, wenn wir auch *mit*einander beten können. Dann haben wir Gelegenheit zu hören, wie unser Partner vor Gott unseren Namen ausspricht. Gemeinsames Beten schafft eine ganz besondere Form von Nähe und erinnert uns daran, dass es einen großartigen Plan für uns gibt, auch wenn wir ihn vielleicht noch nicht kennen. Wer gemeinsam betet, kann darüber sprechen, dass wir von dem Einen abhängig sind, der so viel größer ist als unsere höchsten Höhepunkte oder unsere deprimierendsten Tiefs.

Betet diese Woche zusammen, wenn ihr die Frage für diese Woche beantwortet, dankt für die Ereignisse und bittet Gott darum, dass er euch leitet und euch bei Herausforderungen mit Rat und Tat zur Seite steht.

> Geteilte Freude ist doppelte Freude;
> geteiltes Leid ist halbes Leid.
>
> *SCHWEDISCHES SPRICHWORT*

23. Die Löffel-Liste

Was wolltet ihr schon immer einmal tun? Warum? Und was hält euch davon ab?

Ja, ich sage es noch einmal: Sei mutig und entschlossen! Lass dich nicht einschüchtern, und hab keine Angst! Denn ich, der Herr, dein Gott, bin bei dir, wohin du auch gehst.

JOSUA 1,9

• • • • • • • •

Unser ältester Sohn Josh liebt Abenteuer und Herausforderungen. Vor ein paar Jahren hat er mit dem Fallschirmspringen angefangen. Im darauffolgenden Sommer ist er für einen Monat nach Afrika gereist und hat anschließend einen Bungee-Sprung von einer der höchsten Plattformen Nordamerikas gewagt! Dann ist er mit einigen Freunden quer über den Kontinent getrampt, um Geld für ein Waisenhaus in Kenia zu sammeln. Er ist sehr risikofreudig.
Wenn er irgendwann in unser Alter kommt, wird er diese Frage also kaum beantworten können – dann hat er nämlich längst alles ausprobiert!

Obwohl die meisten von uns vermutlich nicht von so extremen (oder verrückten) Dingen träumen wie Josh, haben doch viele Menschen Pläne, die sie immer vor sich herschieben. Die heutige Frage könnte zu einem amüsanten Gespräch führen – oder vielleicht zu einem neuen Abenteuer für euch beide, und ihr fangt plötzlich an für einen Marathon zu trainieren, probiert Gleitsegeln oder einen Bungee-Sprung aus. Erstellt einfach beide eine Liste von Dingen, die ihr in diesem Leben unbedingt noch tun wollt, bevor ihr den Löffel abgebt. Das klingt vielleicht zunächst etwas kindisch, aber ihr werdet gleich sehen, dass es auch für Menschen fortgeschrittenen Alters Sinn macht. Jeffs 85-jähriger Vater hat vor Kurzem verkündet, dass er mit Josh einen Fallschirmsprung machen will. Als er feststellte, dass es medizinische Gründe gab, die dagegen sprachen, aus einem Flugzeug zu springen, änderte er seinen Wunsch ab und entschied sich stattdessen für eine Fahrt in einem Heißluftballon. So ist das mit der Liste gemeint!

Wenn ihr beide eine solche Aufstellung gemacht habt, könnt ihr euch austauschen und Gemeinsamkeiten finden. Vielleicht gibt es Dinge, die ihr zusammen ausprobieren könnt, zum Beispiel einen Tanzkurs, eine Fernreise, besondere Veranstaltungen oder ein gemeinsames neues Hobby. Welche zehn Dinge könnten auf eurer Liste stehen? Macht ruhig große Pläne. Schreibt alles auf! Von Zeit zu Zeit könnt ihr dann nachsehen, ob etwas daraus geworden ist, wie ihr daran arbeiten könnt und wann ein guter Zeitpunkt dafür ist.

Natürlich werden wir nicht jünger – deshalb solltet ihr jetzt etwas riskieren und lernen, damit ihr später schöne Erinnerungen habt.

Große Liebe und große Errungenschaften sind
nur möglich, wenn wir bereit sind,
große Risiken einzugehen.

ANONYM

24. Gemeinsame Zeit im Alltag

Wie viel Zeit verbringt ihr durchschnittlich in der Woche damit, euch gut miteinander zu unterhalten?

Achtet also genau darauf, wie ihr lebt: nicht wie unwissende, sondern wie weise Menschen. Dient Gott, solange ihr es noch könnt, denn wir leben in einer schlimmen Zeit. Seid nicht verbohrt; sondern begreift, was der Herr von euch will!

EPHESER 5,15-17

• • • • • • • •

Die meisten Männer und Frauen sind sich sicher einig, dass eine gute Kommunikation unverzichtbar für eine gute Ehe ist. Umso mehr verwundert es, wie leicht wir diese Wahrheit vergessen und in unserer Gesprächsbereitschaft nachlassen – besonders, wenn kleine Kinder im Haus sind. Manchmal kommt es mir so vor, als würden wir in unserer Ehe wochenlang kein vernünftiges Gespräch miteinander führen. Nicht, dass das gut wäre, aber es kommt tatsächlich vor.

Hier eine Übung für euch: Wertet eure Terminkalender und Kontoauszüge aus. Angeblich kann man dort eine Menge darüber erfahren, was einem wichtig ist. Und in der Tat, es lässt Rückschlüsse darauf zu, wie ihr euer Geld ausgebt, wie ihr eure Zeit verbringt – und damit sagt es auch etwas über eure Prioritäten und Werte aus.

Aber hallo! Mir hat es einen Stich gegeben, als ich das für den vergangenen Monat getan habe. Wenn nicht zufällig Muttertag gewesen wäre, hätte ich in dieser Auswertung null Punkte bekommen. Lora und ich haben zwar Zeit miteinander verbracht – das ganz sicher, ich habe sie sogar gefragt! Ich will auch nicht behaupten, dass man unbedingt viel Geld für seinen Ehepartner ausgeben muss. Sinnvoller wäre es, wenn Paare täglich mehr miteinander reden würden, statt große Summen für extravagante Veranstaltungen zu zahlen, die sie einander gar nicht näherbringen. Trotzdem soll an dieser Stelle etwas über die bewusst miteinander verbrachte Zeit gesagt werden.

Als wir vor vielen Monaten angefangen haben, Material für dieses Buch zu sammeln, war es unser Ziel, „Ehen authentischer werden zu lassen und bewusst an ihrem Wachstum zu arbeiten". Die Basis dafür ist natürlich das gemeinsame Gespräch, sind gemeinsame Träume und das Gefühl von Nähe. Seht euch nun euren Alltag an: Wo müsst ihr etwas verändern und Zugeständnisse machen? Wie könnt ihr euch eurem Ehepartner bewusster zuwenden? Nehmt euren Terminkalender zur Hand und überlegt, wie diese Absicht sich in die Realität umsetzen lässt.

Es ist wichtig, dass wir Zeit füreinander finden. Für manche von uns stellt das eine große Herausforderung dar. Hier einige

Ideen, wie ihr vorgehen könnt, wobei ihr natürlich eure individuelle Situation berücksichtigen solltet.

- Nehmt jeden Tag eine Mahlzeit gemeinsam ein.
- Macht kurze Spaziergänge – vor allem abends ist das eine sehr schöne und romantische Angewohnheit.
- Arbeitet gemeinsam (beim Geschirrabspülen, Unkraut jäten, etc.). Das klingt zwar im ersten Moment nicht nach idyllischer Zweisamkeit, es kann aber dazu werden.
- Telefoniert nicht mit dem Handy, wenn ihr zusammen im Auto sitzt (das gilt vor allem für mich!)
- Stellt während Autofahrten das Radio aus und unterhaltet euch stattdessen.
- Duscht gemeinsam.
- Tut euch mit einem anderen Paar zusammen und lasst eure Kinder abwechselnd beieinander übernachten; dann habt ihr immer mal wieder einen romantischen Abend zu zweit.
- Plant gemeinsame Dates außer Haus.
- Sucht euch ein gemeinsames Hobby: spielt Tennis, macht einen Kochkurs oder eine Fahrradtour etc.

Es gibt so viele Möglichkeiten. Sucht nach Wegen, wie ihr als Ehepaar bewusst mehr Zeit miteinander verbringen könnt.

Die Ehe sollte nicht dazu führen, dass ein Stillstand eintritt – stattdessen können wir miteinander wachsen und neue Dinge ausprobieren. Haltet jedes Jahr nach neuen Dingen Ausschau, die ihr zusammen tun könnt.

DALE EVANS ROGERS

• • • • • • • •

25. Der persönliche Glaubensweg

Wie geht ihr mit eurem Glauben um? Wo bietet Gott euch Wachstum und Veränderung an?

Durch Christus sind wir frei geworden, damit wir als Befreite leben. Jetzt kommt es darauf an, dass ihr euch nicht wieder vom Gesetz versklaven lasst.

GALATER 5,1

• • • • • • • •

In Psalm 119,32 steht: „Zielstrebig will ich den Weg gehen, den deine Gebote mir weisen, denn nur so kann ich froh der Zukunft entgegensehen." Frohsinn und gute Laune sind ein großes Geschenk und sind es immer wert, gefeiert zu werden. Wenn wir froh sind, fühlen wir uns frei – der Verfasser dieses Psalms brauchte nur den rechten Weg einzuschlagen!

Deshalb reden wir auch so oft von unserem Glaubensweg. In Galater 5 ermutigt Paulus uns dazu, als Befreite zu leben und nicht in alte Muster zurückzufallen. Wir sollen an Christus festhalten.

Paulus hat aber auch Verständnis dafür, dass manche Situationen und Beziehungen zu anderen Menschen eine Gefahr darstellen und uns einengen. In Vers 7 stellt er folgende Frage: „Es hat so gut mit euch angefangen! Wer konnte euch nur so beeinflussen, dass ihr der Wahrheit nicht mehr folgen wollt?“ Auf unserem christlichen Glaubensweg gibt es viele Ablenkungen und Hindernisse, die uns vom rechten Weg abbringen können. Wenn das geschieht, fühlen wir uns gefangen oder verwirrt. Wir verlieren unsere Richtung. Meist spüren wir, dass etwas nicht stimmt. Wir empfinden das als Belastung und fühlen uns manchmal regelrecht versklavt. Wenn so etwas in unserem Privatleben passiert, betrifft es auch unsere Ehen.

Der Verfasser der Hebräerbriefe verwendet ebenfalls dieses Bild, als er in Hebräer 12,1-3 das christliche Leben beschreibt und uns einige praktische Tipps dazu gibt. Lest die folgende Textstelle gemeinsam. Sie enthält eine einfache, aber wesentliche Botschaft:

- Werft alles ab, was euch von eurem Weg abbringt.
- Vorsicht – manche Dinge machen wir falsch und sie bringen uns zum Stolpern.
- Lasst euch nicht von euren Prinzipien abbringen – bleibt standhaft.
- Haltet euren Blick immer auf Jesus gerichtet.

Wenn wir von unserem Weg abkommen oder faul werden und auf der Stelle treten, können wir wieder in die richtige Bahn kommen, indem wir das zugeben und bereuen. Ein solches Eingeständnis ist nichts weiter als eine Übereinkunft mit Gott, der sowieso weiß, wie es in uns aussieht. Und Reue bedeutet, dass wir einen Richtungswechsel vornehmen.

Wer seinen individuellen Glaubensweg geht, kann andere besser lieben und führt ein freieres Leben. Unsere Freiheit als Christen ist ein großes Geschenk, das wir genießen dürfen. Überlegt, wie ihr wachsen könnt. Wenn es Dinge gibt, die euch daran hindern, tauscht euch aus und betet füreinander. Wenn es euch gut geht, dann freut euch gemeinsam daran und macht weiter so.

> Bitte reiß aus meinem Herzen all jene Dinge aus, die ich so lange gepflegt habe und die ein Teil von mir geworden sind, damit du mehr Raum hast und unangefochten in mir Platz hast.
>
> *A. W. TOZER*

••••••••

26. Den richtigen Weg finden

Was hilft euch auf eurem geistlichen Weg dabei, Gott zu begegnen und ihn zu lieben?

Jesus antwortete ihm: „‚Du sollst den Herrn, deinen Gott, lieben von ganzem Herzen, mit ganzer Hingabe und mit deinem ganzen Verstand!' Das ist das erste und wichtigste Gebot. Ebenso wichtig ist aber das zweite: ‚Liebe deinen Mitmenschen wie dich selbst!'"

MATTHÄUS 22,37-39

• • • • • • • •

Fast jeden Morgen steht Lora früh auf und geht nach unten, wo sie mit ihren Routinen beginnt. Während die Kaffeemaschine ihr den morgendlichen Energiekick zubereitet, schmiert sie Schulbrote oder räumt den Rest des getrockneten Geschirrs vom Abendessen weg. Sobald sie die Kaffeetasse in der Hand hält, geht Lora ins Wohnzimmer, zündet eine Kerze an und setzt sich mit ihrer Bibel aufs Sofa. Die nächsten 30 Minuten hält sie eine Andacht, indem sie liest, nachdenkt, studiert, betet, meditiert und Tagebuch führt. Sie hat oft gesagt, dass ihr Tag aus den Fugen gerät, wenn sie diesem morgendlichen Ritual einmal nicht nachgehen kann (was nur selten vorkommt). Das ist Loras Art, Zeit mit Gott zu verbringen.

Mein Glaubensweg sieht ganz anders aus, und ich hatte jahrelang das Gefühl, dass er ihrem unterlegen ist. Schließlich haben in meiner Jugend die meisten Prediger gelehrt, dass wahre Christen sich Zeit für Gott nehmen, genauso wie Lora das tut! Ich komme aber viel eher zu Gott, wenn ich tiefe Gespräche mit einem vertrauten Freund führe oder über etwas diskutiere, was ich neu gelernt habe.

Jeder von uns ist von Gott als Unikat geschaffen, wir haben alle verschiedene Persönlichkeiten und Temperamente. Aber nicht nur das, wir haben auch unterschiedliche Erfahrungen gemacht und Begegnungen mit Gott gehabt. Gary Thomas nennt in seinem Buch *Pathways* die Art, wie wir Gott begegnen, unseren „besonderen Weg". Er ist der Meinung, dass wir unseren Lobpreis und unsere Liebe zu Gott auf unsere ganz spezielle Art ausdrücken dürfen. Thomas nennt exemplarisch neun solcher Wege:

1. Naturalisten: Gott in der Natur begegnen
2. Sinnesmenschen: Gott mit den Sinnen erleben
3. Traditionalisten: Gott mit Ritualen und Symbolen lieben
4. Asketen: Gott in der Einsamkeit und Einfachheit lieben
5. Aktivisten: Gott mit Taten konfrontieren
6. Fürsorgende: Gott lieben, indem wir anderen Gutes tun
7. Enthusiasten: Gott durch Mysterien und Feiern lieben
8. Kontemplative: Gott durch Anbetung lieben
9. Intellektuelle: Gott mit dem Verstand lieben

Wenn wir uns Thomas' Liste ansehen, dann ist Lora eine Kombination aus Asketin und Naturalistin. Einer ihrer liebsten Orte, an denen sie besonders gut zu Gott finden kann, ist der Strand – dort genießt sie Gottes majestätische Kraft und Schönheit. Ich bin eher ein Aktivist und spüre Gottes Gegenwart besonders, wenn ich etwas bewege und herausfordernde Situationen meistere. Findet ihr auf der Liste auch die Art, wie *ihr* Gott bevorzugt begegnet? Viele von uns kennen mehr als einen Weg, und manchmal gehen wir auch unterschiedliche Wege, je nachdem, in welcher Lebensphase wir uns gerade befinden. Diese Dinge ersetzen natürlich nicht das Lesen in der Bibel oder das Gebet. Aber sie helfen uns zu verstehen, wie unsere Nachfolge von Christus bereichert und vertieft werden kann.

Du und dein Ehepartner, ihr habt vermutlich ebenfalls unterschiedliche Wege. Es ist wirklich hilfreich zu verstehen, wie ihr Gott am besten nahe sein könnt. Das Ziel sollte also nicht sein, einen gemeinsamen Weg zu finden, sondern euch in euren unterschiedlichen Ansätzen mehr wertzuschätzen!

Wenn du eine geistliche Malaise durchmachst, brauchst du vielleicht einfach eine andere spirituelle Diät.

GARY THOMAS

27. Ausgehen für wenig Geld

Wenn ihr an einem Abend nur zehn Euro ausgeben dürftet – was würdet ihr tun?

Wenn es etwas gibt, worauf wir stolz sein können, dann ist es unser gutes Gewissen: Wir leben so, wie Gott es will; wir haben euch nichts vorgemacht. Nicht eigensüchtige Überlegungen haben unser Handeln bestimmt, sondern allein Gottes Barmherzigkeit. So haben wir uns überall verhalten, und ganz besonders bei euch.

2. KORINTHER 1,12

• • • • • • • •

An dieser Stelle muss ich ein Geständnis ablegen: Ich bin ein Groupon-Fan. Groupon ist ein Gutscheinanbieter im Internet, bei dem es jeden Tag Angebote gibt, die man in der Stadt machen, ansehen, essen oder kaufen kann. Anfangs war ich skeptisch, aber als ich den 50-Dollar-Gutschein für eines unserer Lieblingsrestaurants entdeckt habe, der nur 25 Dollar kostete, war ich sofort überzeugt! Ich liebe gute Restaurants, umso mehr, wenn es 50 Prozent Rabatt gibt!

Vermutlich sind sich alle einig, dass regelmäßiges gemeinsames Ausgehen unseren Ehen guttut. Ob wir nun essen gehen, ins Kino oder irgendetwas anderes unternehmen – abendliche Veranstaltungen sind eine schöne Abwechslung und machen Spaß. Es gibt aber auch noch eine andere Art von Verabredung, die unseren Ehen guttut: Abende, an denen wir einfach Zeit miteinander verbringen, uns unterhalten und zusammen träumen, ohne dass, von außen betrachtet, etwas Großartiges passiert. Diese Abende sind übrigens wesentlich kostengünstiger. Denn ein schöner gemeinsamer Abend lässt sich nicht unbedingt daran festmachen, wie viel Geld wir ausgegeben haben.

Dazu kurz zwei Beispiele: Christian und Jane sind Freunde aus Chicago, die es sich zu Beginn ihrer Ehe zur Gewohnheit gemacht haben, jeden Dienstagabend in einem kleinen, familiengeführten Lokal um die Ecke essen zu gehen und sich ein Stück hausgemachte Pizza und zwei Tassen Kaffee zu teilen, während sie sich alles erzählten, was in letzter Zeit passiert war. Als ich Christian das letzte Mal gesehen habe, sagte er mir, dass sie diese Dienstagabende seit vierunddreißig Jahren als Tradition beibehalten haben, mit nur wenigen Ausnahmen! Als Mark und Susan, ebenfalls Freunde von uns, ihr viertes Kind bekamen, wurde ihnen klar, dass es nun zu teuer für sie wurde, einen Babysitter zu bezahlen, das Essen und den Eintritt fürs Kino – die Familie hatte einfach weniger Geld zur Verfügung. Sie beschlossen, im Gästezimmer ein eigenes Heimkino zu eröffnen. Jahrelang haben sie sich donnerstags in ihrem Haus getroffen, ein „Bitte nicht stören"-Schild an die Tür gehängt – und ihre Kinder haben gelernt, das zu respektieren!

Probiert es selber aus: Plant für den kommenden Monat einen Abend auswärts, gebt dafür aber nicht mehr als zehn Euro aus. Dadurch spart ihr nicht nur Geld, es hilft euch auch, Nähe einmal anders zu erleben und zu schätzen.

Das Schaffen formloser Rituale ist unglaublich wichtig in einer Ehe, denn sie stellen eine emotionale Verbindung her.

JOHN GOTTMAN

28. Cheerleader für eure Ehe

Wer motiviert euch als Eheleute? Wer ermutigt dich als Ehemann oder Ehefrau?

So ermutigt und tröstet einander,
wie ihr es ja auch bisher getan habt.

1. THESSALONICHER 5,11

• • • • • • • •

Seit über 20 Jahren treffen sich neun befreundete Frauen, die Lora aus ihrer Studentenzeit kennt, jedes Jahr bei einer von ihnen zu Hause und verbringen ein gemeinsames Wochenende miteinander. An diesen Tagen werden viele alte Geschichten erzählt und Neuigkeiten ausgetauscht. Familienbilder werden herumgereicht, alle staunen, wie die Kinder wachsen und sich verändern. Es gibt Augenblicke, in denen gelacht wird, und andere, in denen Tränen fließen. Die Geschichten handeln sowohl von segensreichen Erfahrungen als auch von Niederlagen, von Hoffnungen und von Wunden, die das Leben verursacht hat … von Vertrauen und Angst … von Liebe und Verlusten.

Auch über ihre Ehen reden die Frauen gerne und viel. Obwohl das ein heikles Thema sein kann, ist es eine ausgezeichnete

Gelegenheit, sich gegenseitig zu unterstützen, sich als Ehefrauen offen auszutauschen und sich gegenseitig zu ermutigen. Wer andere daran teilhaben lässt, was in uns vorgeht, ermöglicht gemeinsames Wachstum, auch in der eigenen Ehe. Als diese Mädchen sich in den 80er-Jahren begegnet sind, ahnte keine von ihnen, dass Gott ihre Herzen lebenslänglich miteinander verbinden würde. Fast drei Jahrzehnte dauert diese Gruppenfreundschaft nun schon! Es ist ganz erstaunlich zu sehen, dass sie immer noch den gleichen Glauben und die gleichen Werte miteinander teilen.

Lora und ihre Freundinnen sind wirklich gesegnet. Nur wenige schaffen es, mit so vielen Leuten über viele Jahre hinweg einen guten Kontakt zu halten – insbesondere Freundschaften, die uns in unserem Glauben stärken und unserer Ehe guttun, den Rest der Welt eingeschlossen. Wir alle brauchen solche Beziehungen, sei es mit alten oder mit neuen Freunden. Unsere Ehen profitieren davon, wenn andere uns ermutigen und aufbauen oder auch dazu herausfordern, an Problemen zu wachsen. Solche Menschen finden wir vielleicht in unserer Kirchengemeinde, bei gemeinsamen Hobbys, in der Nachbarschaft oder auch anderswo, manchmal ganz unerwartet. Eine der besten und einfachsten Arten, solche Freundschaften zu pflegen, besteht darin, dass wir uns mit einigen anderen Paaren zu einer kleinen Gruppe zusammenschließen und regelmäßige Treffen vereinbaren. Eine solche Gemeinschaft ermöglicht einen ehrlichen Austausch miteinander – und wir können füreinander da sein, wenn es nötig ist.

Kennt ihr solche Leute? Wer feuert euch an, wenn ihr bewusst wachsen und in eurer Ehe weiterkommen wollt? Wenn es so etwas in eurem Bekanntenkreis gerade nicht gibt, wie könntet ihr ein Paar ausfindig machen, dem es ähnlich geht? Könnt ihr euch vorstellen, jemanden daraufhin anzusprechen und euch zu treffen, um euch besser kennenzulernen? Und wenn ihr über die heutige Frage redet, dann überlegt auch einmal andersherum: Wen spornt ihr beide an, wessen Ehe begleitet ihr mit Interesse und Ermutigung? Wen könntet ihr unterstützen?

Fangt einfach an!

Eine Ehe bedeutet nicht, dass zwei Welten zusammengefügt werden, sondern dass zwei Welten aufgegeben werden, damit eine ganz neue, eigene Welt entstehen kann.

MIKE MASON

• • • • • • • •

29. Leben im Hier und Jetzt

Wenn ihr nur noch einen Tag auf der Erde verbringen könntet, was würdet ihr euch sagen? Wie würdet ihr diesen Tag nutzen?

Noch etwas will ich euch sagen. Manche von euch kündigen an: „Heute oder morgen wollen wir hier- und dorthin reisen. Wir wollen dort ein Jahr bleiben, gute Geschäfte machen und viel Geld verdienen." Dabei wisst ihr nicht einmal, was morgen geschieht! Was ist denn schon euer Leben? Nichts als ein leiser Hauch, der – kaum ist er da – auch schon wieder verschwindet. Darum sollt ihr lieber sagen: „Wenn der Herr will und wir leben, wollen wir dieses oder jenes tun."

JAKOBUS 4,13-15

• • • • • • • •

Das Leben ist vergänglich. In den vergangenen Jahren sind wir immer wieder an diese schlichte Wahrheit erinnert worden, wenn Amokläufe an Schulen, im Kino und in Kirchen

Schlagzeilen machten. Auch Naturkatastrophen wie Erdbeben und Überschwemmungen verursachen Verluste und Schmerzen. All das erinnert uns daran, wie kostbar und wenig selbstverständlich das Leben ist. Viele haben den Tod eines lieben Mitmenschen durch Krebs miterlebt, durch Herzprobleme oder Unfälle. In solchen Zeiten, in denen wir einen Verlust verkraften müssen, erhöht sich unsere Wahrnehmung dafür, wie schnell das Leben vorbei sein kann. Aber das Leben ist nicht nur in Zeiten von Gewalt oder Krankheit in Gefahr, sondern immer, jeden Tag und in jeder Situation. Niemand weiß, ob er den nächsten Tag erleben darf. Und trotzdem …

… leben wir oft in den Tag hinein.
… halten wir unsere Liebe und die Worte, die sie ausdrücken, zurück.
… fühlen wir uns im Recht, an Verletzungen festzuhalten und in Ärger zu verharren, anstatt ein versöhnliches Gespräch zu suchen.
… leben wir, als könnten wir immer wieder von vorne anfangen.
… warten wir immer auf die Zukunft und vergessen dabei, in der Gegenwart zu leben.

Natürlich sollten wir nicht mit dem Gefühl leben, dass ein Damoklesschwert über unseren Köpfen hängt. Das meine ich nicht. Aber trotzdem können wir zugeben, dass wir gerne Dinge vor uns herschieben, zaudern oder Freundlichkeit, Liebe und gute Taten hintenan stellen – vor allem in unserer Ehe. Wenn wir uns aber bewusst machen, dass unsere Tage gezählt sind, sollten wir uns lieber an die alte Weisheit halten: Lebe jeden Tag, als sei es dein letzter. Das ist kein Aufruf zur Hemmungslosigkeit. Aber ihr seid lebendig! Genießt das Leben hier und jetzt. Zieht eine kurze Bilanz. Sprecht über eure Gefühle füreinander. Nehmt intensiv Anteil am Leben.

Und am Ende sind es nicht die Lebensjahre, die zählen, sondern wie viel Leben in diesen Jahren gesteckt hat.

ABRAHAM LINCOLN

30. Keine Fehler – gibt's nicht!

Wie geht ihr damit um, wenn etwas schiefläuft?

Bekennt einander eure Sünden und betet füreinander, damit ihr geheilt werdet. Denn das Gebet eines Menschen, der nach Gottes Willen lebt, hat große Kraft.

JAKOBUS 5,16

• • • • • • • •

Ich kann es nicht ausstehen, wenn das, was ich anpacke, schiefläuft. Anders ausgedrückt – ich bin ungern ein Versager.

Trotzdem passiert es immer wieder – es kommt mir jedenfalls so vor. Es gibt Jahre, da bringe ich die Lichterkette im Weihnachtsbaum einfach nicht zum Leuchten. Ich vergesse, eine Rechnung rechtzeitig zu bezahlen. Das Projekt, das ich auf der Arbeit begonnen habe, wird nicht fertig. Und so geht das endlos weiter.

Jeder kann mal scheitern. Trotzdem haben diese Misserfolge mich schon viel in meinem Leben gelehrt. Jedes Mal, wenn ich mein gestecktes Ziel nicht erreiche, lerne ich etwas. Und meistens hilft mir das, beim nächsten Versuch erfolgreicher zu sein.

Ich weiß noch, als ich das erste Mal eine Predigt gehalten habe. Ein Professor von der Universität war anwesend, kam nachher zu mir und sagte: „Als Schauspieler wären Sie gut, aber in der Kirche sind Sie fehl am Platz." Selten habe ich mich so als Versager gefühlt ... puh! Die Predigt war allerdings, um ehrlich zu sein, wirklich nicht besonders gut gewesen. Ich wusste gar nicht, wie ich es anpacken sollte. Und nun, 30 Jahre später, treibt mich die Angst vor dem Versagen immer noch dazu, mich gut vorzubereiten und mein Bestes zu geben, wenn ich irgendwo predige oder einen Vortrag halte.

So kann man auf ein Scheitern reagieren – indem man an sich arbeitet. In manchen Situationen ist das genau das Richtige. Wenn es aber um unser Leben mit Jesus geht, ist diese Art der Anstrengung nicht immer gut. Denn auch hier haben wir manchmal das Gefühl zu versagen. Ehrlich, das kann ein großes, überwältigendes Gefühl des Scheiterns sein. Die Bibel ist voll mit Geschichten von Heiligen, die vor Gott versagt haben. Ich denke dabei an Petrus, der Jesus verleugnet hat. Was für eine Blamage. Ich denke an David, der Ehebruch begangen hat, und dann auch noch einen Mord. Er ist kläglich gescheitert. Und trotzdem hat Gott diese Augenblicke im Leben der Menschen dazu benutzt, ihnen Wachstum zu ermöglichen und sie daran zu erinnern, dass er *immer* größer ist als unsere Fehler. Sie mussten also nicht mehr an sich arbeiten – sondern einfach mehr Vertrauen haben.

Wenn es um unsere Beziehung zu Jesus geht, ist das Vertrauen auf seine Gnade entscheidend. Manchmal dauert es Jahrzehnte, bis wir das begriffen haben. Heute bin ich sehr dankbar für Gottes Gnade. Wenn wir einen Fehler machen, ist Gott da und vergibt uns, baut uns wieder auf und lässt uns aus unseren Fehlern lernen. In unseren Ehen ist es ebenfalls so, dass wir über unsere Fehler sprechen und einander verzeihen sollten, anstatt uns zu verstecken. Wenn wir bereit sind, Dinge zuzugeben – unsere Fehler voreinander einzugestehen –, dann erleben wir eine tiefe Gnade. Unsere Fehler haben nie das letzte Wort, sondern immer Gottes Gnade.

Lasst euch nie von der Angst vor einem Schlag
von eurem Weg abbringen.

GEORGE HERMAN „BABE" RUTH

• • • • • • • •

31. Money, money, money

Wie steht ihr finanziell da? Seid ihr besonders gut im Sparen, Abgeben oder Ausgeben? Wie klappt die Verwaltung eurer Finanzen?

Was der Fleißige plant, bringt ihm Gewinn; wer aber allzu schnell etwas erreichen will, hat nur Verlust.

SPRÜCHE 21,5

• • • • • • • •

Geld spielt in unserem Leben eine ganz wesentliche Rolle. An und für sich ist es weder gut noch schlecht, aber wir können es so einsetzen, dass wir viel Freude daran haben und Erfüllung erleben – oder aber es verursacht große Spannungen und Kummer in unseren Ehen. Studien zeigen, dass das Thema Geld in vielen Ehen für Konflikte sorgt. Kürzlich wurde berichtet, dass Ehepaare doppelt so häufig über Geld streiten wie über Sex. Wir sollten also gut überlegen, wie wir Geldangelegenheiten handhaben.

Es ist allseits bekannt, dass man Ausgaben gut planen sollte. Trotzdem höre ich immer wieder von Ehen, die ohne einen Haushaltsplan leben, der ihnen bei der Einteilung des zur Verfügung stehenden Geldes helfen würde. Der Autor und Pfarrer John Maxwell meint, es sei besser, „wenn die Menschen dem Geld sagen, wie sie es einsetzen wollen, anstatt zu fragen, wo es denn geblieben sei". Der aus dem Rundfunk bekannte Dave Ramsey schlägt vor, dass wir jedem Euro einen Namen geben sollten, damit wir nachverfolgen können, wofür wir ihn ausgegeben haben.

Jede Ehe braucht einen Finanzplan, in dem festgelegt wird, wie wir unser Geld ausgeben, was wir sparen oder spenden. Zu Beginn unserer Ehe stellte das bei Lora und mir ein ziemliches Problem dar – wir hatten nämlich sehr unterschiedliche Umgangsweisen mit Geld. Ich kam aus einer Familie, in der über Geld nicht geredet wurde. Es war normal, auf Pump zu leben. Als ich mein Studium abgeschlossen hatte, hatte ich über 40 000 Dollar Schulden und war noch dabei, mein Auto abzubezahlen. Lora hingegen kam aus einer Missionarsfamilie und hatte den Wert von Geld früh kennengelernt. Sie kam mit der Einstellung in die Ehe, dass man möglichst sparsam leben und alles sofort bezahlen sollte. Leider hat es viele Jahre gedauert und wir haben einige falsche finanzielle Entscheidungen getroffen, bis wir einen guten Finanzierungsplan für unsere Ehe aufgestellt hatten.

Dabei kann es regelrecht Spaß machen, wenn man seine finanzielle Situation gut im Griff hat. Wenn ein Mann und eine Frau anfangen zu träumen und präzise Vorstellungen haben und wenn sie die Selbstdisziplin entwickeln, dieses Ziel auch zu erreichen, dann schweißt der partnerschaftliche Umgang mit Geld uns zusammen und lässt uns wachsen. Wir müssen aber einen gemeinsamen Nenner finden.

Oft empfehlen wir Paaren eine gemeinsame Schulung, damit sie besser mit der Finanzplanung zurechtkommen. Dort gibt es viele praktische Tipps und Ratschläge, wie Ehepaare über Geld reden und einen zielführenden Plan aufstellen können.

Nicht jeder braucht so etwas, aber ein finanzieller Rahmenplan ist unumgänglich. Wie auch in anderen Bereichen unserer Ehe sollten wir miteinander im Gespräch bleiben und uns bewusst mit dem Thema auseinandersetzen, damit wir wachsen können und das Gefühl haben, an einem Strang zu ziehen. Wenn ihr schon seit Längerem nicht mehr über eure finanzielle Situation gesprochen habt, dann vereinbart für diese Woche einen Termin, macht eine Bestandsaufnahme und überlegt, wie es weitergehen soll.

Wenn du nicht die Kontrolle über dein Geld hast,
dann wird der Geldmangel bald die Oberhand
über dich gewinnen.

DAVE RAMSEY

• • • • • • • •

32. Jeder ist anders – wie schön!

Seid ihr nicht sehr unterschiedlich?

Seht doch, wie groß die Liebe ist,
die der Vater uns schenkt!
Denn wir dürfen uns nicht nur seine
Kinder nennen, sondern wir sind es wirklich.

1. JOHANNES 3,1

• • • • • • • •

Als wir noch nicht verheiratet waren, konnten Lora und ich uns überhaupt nicht vorstellen, dass es in unserer Ehe irgendwelche Konflikte geben würde. Nachdem wir aber im Frühling vor unserer Heirat eine Konferenz über das Alltagsleben in Familie und Ehe besucht hatten, merkten wir, dass verheiratete Paare viel streiten. Ein Paar berichtete, wie viele Konflikte es in ihrer Ehe gab und dass sie erst hatten lernen müssen, damit umzugehen. Es ging darum, genau zu verstehen und wiederzugeben, was der Partner gesagt hatte, wie man eine Auszeit fordert, wenn der Konflikt eskaliert, und um andere hilfreiche Lösungswege. Das Paar tat uns leid, weil in dieser Ehe so viele Konflikte auftraten. Wir waren sicher, dass das bei uns anders sein würde – wir fühlten uns einander so ähnlich!

Das stimmte natürlich nicht. Die Seelenverwandtschaft war nicht so weitreichend, wie wir das geglaubt haben. Wir waren einfach liebesblind.

Viele Menschen gehen in die Ehe, ohne dass ihnen bewusst ist, wie unterschiedlich sie eigentlich sind. Es gibt so vieles, was uns trennt: unser Geschlecht, unsere Persönlichkeiten, Unterschiede im Kommunikationsverhalten, die Herkunftsfamilien – um nur einige wenige zu nennen. In den ersten Jahren einer Ehe arbeiten viele Paare hart daran, diese Unterschiede auszubügeln. Wir wünschen uns, einander möglichst ähnlich zu werden. „Du gibst hier ein bisschen nach, ich da", so lautet in vielen Ehen das Motto. Es ist, als gäbe es eine unausgesprochene Regel, die besagt, dass wir uns möglichst angleichen sollen.

1991 schrieb Larry Crabb ein Buch mit dem Titel *Men and Women: Enjoying the Differences*. Er argumentierte sehr einleuchtend: Wir sind unterschiedlich, daran führt kein Weg vorbei, und wir können (und müssen) lernen, das zu akzeptieren und das Beste daraus zu machen. Seiner Meinung nach ist es reiner Egoismus, dass wir uns so schwer damit tun, die Eigenheiten unseres Partners anzunehmen. Das leuchtet mir ein. Manchmal wünsche ich mir, dass Lora genauso reagiert oder denkt wie ich. Tatsächlich bin ich aber oft zu faul, etwas durchzusprechen. Das ist unterschwellig selbstsüchtig.

Es ist wichtig, dass wir lernen, unseren Partner so anzunehmen, wie er ist, und ihn so zu mögen, denn nur dann können wir uns in der Ehe wirklich nahekommen. Anstatt zuzulassen, dass die Unterschiede zu Konflikten oder Abgrenzung führen, haltet lieber nach Gelegenheiten Ausschau, wie ihr diese

Unterschiede positiv wahrnehmen könnt – ob es sich nun um kleine oder große Dinge handelt. Aber Vorsicht: Ihr müsst geduldig sein, den Humor behalten und immer bereit sein, euch wieder zu versöhnen! Aber das ist es wert.

Wir haben die Wahl: Wir können uns daran freuen,
dass wir so unterschiedlich sind,
oder unsere Eigenheiten zerstören.

DAN B. ALLENDER UND TREMPER LONGMAN III

• • • • • • • •

33. Schere, Stein, Papier

Wie trefft ihr eine Entscheidung, wenn ihr unterschiedlicher Meinung seid?

Zwei haben es besser als einer allein, denn zusammen
können sie mehr erreichen. Stürzt einer von ihnen,
dann hilft der andere ihm wieder auf die Beine.
Doch wie schlecht steht es um den, der alleine ist,
wenn er hinfällt! Niemand ist da,
der ihm wieder aufhilft!

PREDIGER 4,9-10

• • • • • • • •

Als ich noch ein Junge war und mein bester Freund Mark und ich uns nicht einigen konnten, was wir im Sommer unternehmen wollten, gab es immer einen einfachen Weg, zu einer schnellen Entscheidung zu kommen: Schere, Stein, Papier. Das funktionierte immer. Wer beim Knobeln gewann, durfte entscheiden, ob wir Fischen gingen oder Basketball spielten. Stellt euch bitte meine Überraschung vor, als Lora und ich uns im ersten Monat unserer Ehe wegen etwas nicht einig wurden und sie meinen Vorschlag zum Knobeln nicht annehmen wollte!

Ständig muss man in einer Ehe Entscheidungen treffen: den Haushalt betreffend, die Freizeitaktivitäten, ehrenamtliche Aufgaben, Freunde, Schwiegerfamilien und Hausarbeit, um nur einige zu nennen. Manchmal fallen solche Entscheidungen ganz leicht, aber manchmal tun wir uns schwer, weil wir uns nicht einig sind, was den Ausschlag geben soll. Wenn wir unseren Entscheidungsprozess nicht planen, werden häufig falsche Entscheidungen von dem Ehepartner getroffen, der dominiert, emotionaler reagiert oder verbal überlegen ist. Zu Beginn unserer Ehe war ich oft derjenige, der eine Sache „verschleppte", weil ich so viel redete, dass Lora schließlich nachgab, nur damit wieder Frieden einkehrte! Das Zitat von Salomo ist eine gute Richtlinie für die Entscheidungsfindung – zwei sind wirklich besser dran als einer allein.

Wenn wir vor einer schwierigen Entscheidung stehen, können folgende Fragen helfen:

1. *Worum geht es hier wirklich?* Es passiert leicht, dass man im Eifer des Gefechts ganz aus den Augen verliert, worum es wirklich geht. Wir versuchen vielleicht herauszufinden, ob unser Sohn Fußball spielen sollte, dabei haben wir Angst, dass er noch zu klein ist und ihm etwas passieren könnte. Es ist gut, wenn wir im ersten Schritt klären, worüber wir reden.

2. *Welche Lösungen sind möglich*? Viele kennen diese Brainstorming-Situationen, in denen zunächst jede Idee ernst genommen wird. Wenn ein Paar in der Lage ist, mehrere Lösungen für ein Problem in Betracht zu ziehen,

klappt die Zusammenarbeit meist besser und bleibt sachlicher.

3. *Welche Bedeutung hat das Problem für uns*? Manchmal hilft es, wenn man einen Schritt zurücktritt und sich bewusst macht, welche Relevanz die Entscheidung hat. Das wirkt entspannend und gibt uns Zeit nachzudenken. Nicht bei jeder Entscheidung geht es um Leben und Tod.

4. *Höre ich die Argumente meines Partners wirklich an*? Wir wollen unbedingt unseren Standpunkt klarmachen. In einer guten Ehe sollten wir ebenso sehr bemüht sein, die Gedanken und Sorgen des anderen zu verstehen.

5. *Haben wir zusammen gebetet, damit wir zu einer guten Entscheidung kommen*? Es ist wichtig, dass wir uns Zeit nehmen und Gott um Rat bitten, denn das bringt oft Klarheit und führt zu einer guten Entscheidung. Im Gebet können wir auf Gottes Leitung und Güte vertrauen, wenn wir selbst nicht mehr weiterwissen. Er wird uns seine Wahrheit spüren lassen.

Das Treffen von Entscheidungen gehört zu einer Ehe dazu. Wer lernt, gemeinsam zu entscheiden, wird einen besseren Zusammenhalt spüren. Aber dazu brauchen wir Zeit und gute Gespräche – dann können wir auf eine Art zusammenwachsen, die alleine mit Schere, Stein, Papier nicht möglich wäre!

Auch Paare, die beim Entscheiden einer Sache einig sind, fühlen sich anschließend nicht unbedingt gleich gut. Vor, während und nach einer Entscheidung solltet ihr euch immer wieder austauschen.

TIM UND JOY DOWNS

• • • • • • • •

34. Jeder für sich und trotzdem ein Team

Seid ihr „ein Fleisch" in eurer Ehe, wie es die Bibel nennt?

Darum wird ein Mann seinen Vater und seine Mutter verlassen und seiner Frau anhangen, und sie werden sein „ein" Fleisch. Und sie waren beide nackt, der Mensch und seine Frau, und sie schämten sich nicht.

1. MOSE 2,24-25 (LÜ)

....

Dazu stelle ich euch eine kleine Rechenaufgabe: Was ist 1 + 1? Die naheliegende Antwort ist 2, gilt aber nicht, wenn wir über die Ehe reden. Gottes mathematische Formel für unsere Ehe sieht nämlich folgendermaßen aus: 1 + 1 = 1. Bei vielen Hochzeitszeremonien wird das anschaulich gemacht, indem wir eine gemeinsame Kerze anzünden und die beiden individuellen Kerzen ausblasen. Bei unserer Hochzeit hatten wir auch eine gemeinsame Kerze, haben aber ganz vergessen, unsere individuellen Kerzen auszublasen. Am Ende brannten alle drei. Obwohl das nicht beabsichtigt war, finde ich, dass das die wundersame Verwandlung und das Mysterium (sowie die mathematische Formel) der ehelichen Einheit sogar noch besser darstellt. Manche Ehen ergeben bei dem Versuch zusammenzuwachsen nämlich so etwas wie: ? + ? = 1 oder 2/3 + 1/3 = 1. Wenn wir mathematisch vorgehen, versuchen wir, das richtige Ergebnis zu erzeugen, indem wir die zu addierenden Größen entsprechend anpassen. Dann aber entsteht eine Ehe, in der weder Ehemann noch Ehefrau *vollständig* repräsentiert sind, und es kann zu Verhaltensmustern wie Gedankenlesen, übertriebener Fürsorge oder sogar Abhängigkeit kommen. Im schlimmsten Fall verliert einer der Partner ganz seine Stimme und die Ehe dreht sich nur noch um das, was der andere Partner will, braucht und wünscht.

Wenn wir in der Ehe „ein Fleisch" werden, sind sowohl der Mann als auch die Frau vollständig involviert und können im Team beide weiter wachsen und sich ihr ganzes Eheleben lang miteinander verbunden fühlen. Sie haben das Prinzip „die Eltern verlassen, der Frau anhangen und ein Fleisch sein" aus dem heutigen Bibelzitat verstanden. Damit zwei zusammenwachsen können, müssen wir zunächst die Einstellungen, Beziehungen, Verhaltensweisen und Wünsche aus der Vergangenheit hinter uns lassen, damit Raum für die neue Beziehung entsteht. In manchen Ehen haben Eltern oder frühere Ehepartner noch zu viel Einfluss, und das erschwert das Vorhaben. Wir müssen uns ganz für unseren Partner entscheiden und uns auf ihn einlassen. Die Idee dahinter ist das Einswerden, aber das bezieht sich nicht ausschließlich auf den Hochzeitstag, sondern legt für die Zukunft eine Priorität fest. Wir werden also in Zukunft mit unserem Ehepartner enger verbunden sein als mit allen anderen Menschen. Und schließlich müssen wir ein Fleisch werden. Wir wachsen in der Ehe fortwährend zusammen, unsere Lebensläufe verknüpfen sich und es entstehen immer mehr Verbindungen, während wir uns lieben und einander schätzen. Und das klappt am besten, wenn wir genau wissen, wer wir als christliche Individuen sind. Wir müssen uns einander ganz hingeben.

Eine wirklich gute Ehe erweckt den Eindruck, als würden Mann und Frau sich auf ganz natürliche Weise vermischen, so dass sie noch individuell wahrnehmbar bleiben. Aber das ist nicht das Wesentliche, sondern sie sind wie Tanzpartner, die sich seit vielen Jahren gut kennen und die Schritte, die der andere machen wird, im Voraus mit Leichtigkeit erspüren.

LARRY CRABB

35. Segen und Fluch

Welche Dinge aus eurer Herkunftsfamilie würdet ihr gerne in eurer jetzigen Familie übernehmen?

Ich nehme Himmel und Erde heute über euch zu Zeugen: Ich habe euch Leben und Tod, Segen und Fluch vorgelegt, damit du das Leben erwählst und am Leben bleibst, du und deine Nachkommen, indem ihr den HERRN, euren Gott, liebt und seiner Stimme gehorcht und ihm anhangt.

5. MOSE 30,19-20

• • • • • • • •

Vor einigen Jahren sollte ich in einem Beratungsgespräch über die Familie, in der ich aufgewachsen war, nachdenken und überlegen, inwiefern sie mich geprägt hatte. Diese ganz spezielle Frage hatte einen Beiklang von: „Hat deine Familie dir gutgetan? Hat sie dir geschadet?" Irgendwie behagte mir das nicht. Der positive Teil war in Ordnung, aber ich fand es verwirrend, darüber zu reden, inwiefern meine Familie mir geschadet haben sollte. Das ließ mich an seltsame Filme mit Voodoo-Puppen denken …

In Wahrheit sind unsere Familien für uns alle gleichzeitig ein Segen und ein Fluch. Bei den meisten Menschen liegt das nicht daran, dass unsere Eltern bösartig waren, sondern einfach menschlich. Wir alle sind in einer fehlerhaften, nie in einer perfekten Welt aufgewachsen. Ganz gleich, wie toll wir unsere Eltern gefunden haben, sie waren nie perfekt und haben bei unserer Erziehung zwangsläufig auch Fehler gemacht. Wir müssen zugeben, dass sie auch Menschen sind und Grenzen haben, und das hilft uns, einiges von dem, was wir immer noch mit uns herumtragen, zu verstehen.

In meiner Familie zum Beispiel war Humor ein Mittel, um Schmerz zu überdecken und die Diskussion wirklich ernster Themen zu vermeiden. Zu Beginn unserer Ehe, als es anfing, etwas schwieriger zu werden, habe ich oft einen Witz gemacht oder versucht, das Problem „wegzulachen". Das klingt jetzt vielleicht nicht allzu schlimm, aber auf diese Art habe ich viele Gespräche umgangen, die wichtig gewesen wären. Auf der anderen Seite hat der Humor, den ich in meiner Familie erlebt habe, mir immer wieder aufgeholfen. Unser Zuhause wurde dadurch bereichert, wir konnten immer miteinander lachen und das hat uns auch in schwierigen Zeiten Halt gegeben.

Wenn wir uns unsere Herkunftsfamilien ansehen, dann verstehen wir besser, wie manche Muster sich über Generationen halten können. In Beratungen werden Paare häufig dazu aufgefordert, einen Stammbaum zu zeichnen, der einige Generationen zurückreicht. Darin kann man Beziehungsmuster erkennen, die bereits zwischen den Großeltern vorhanden waren und nun bei den Geschwistern oder anderen Familienmitgliedern wieder auftauchen. Diese Muster haben häufig den Charakter von Familienregeln, die wir unbewusst mit ins Leben nehmen. Manches davon ist ermutigend und hilfreich. Anderes sollte man überdenken und gegebenenfalls ändern.

In Psalm 16,6 heißt es, „mir ist ein schönes Erbteil geworden". Wenn wir unsere Herkunftsfamilien wirklich verstehen und begreifen, wie wir von ihnen geprägt wurden, dann können wir in diese Worte einstimmen und ermutigt ins Leben gehen, indem wir unsere Familiengeschichte um eine Generation fortführen.

> Unsere Familie ist in jeder nur erdenklichen Art
> die Verbindung zu unserer Vergangenheit
> und bildet eine Brücke in die Zukunft.
>
> *ALEX HALEY*

36. „Es tut mir leid"

Könnt ihr euch bei eurem Partner entschuldigen, wenn ihr einen Fehler gemacht habt?

Mit Bitterkeit, Jähzorn und Wut sollt ihr nichts mehr zu tun haben. Schreit einander nicht an, redet nicht schlecht über andere, und vermeidet jede Feindseligkeit. Seid vielmehr freundlich und barmherzig, und vergebt einander, so wie Gott euch durch Jesus Christus vergeben hat.

EPHESER 4,31-32

• • • • • • • •

„Love means never having to say you're sorry" – „Liebe bedeutet, dass man sich nie mehr entschuldigen muss." Manche erinnern sich vielleicht an diese Textzeile aus dem Film *Love Story* in den 70er-Jahren. Obwohl der Film damals ein Hit wurde, stimmt der Satz nicht. Im Gegenteil, wer in einer wirklichen Liebesbeziehung lebt, benötigt nicht nur die Fähigkeit, sich zu entschuldigen, sondern eine grundsätzliche Haltung von Vergebung, Gnade und immer wieder die Bereitschaft zu einem Neuanfang. Es ist doch so: Wir alle sind unvollkommene

Menschen, die Fehler machen. Deshalb tut es uns gut, wenn wir die Kunst des Entschuldigens erlernen.

Gary Chapman und Jennifer Thomas haben ein sehr praxisnahes Buch geschrieben, das erklärt, wie wir Entschuldigungen leichter über die Lippen bringen können. In *The Five Languages of Apology* erläutern sie die fünf wesentlichen Aspekte oder Sprachen, in denen wir uns entschuldigen. Ähnlich wie in Chapmans Klassiker *Die fünf Sprachen der Liebe* steckt dahinter die Idee, dass jeder von uns eine Art der Entschuldigung besonders gut beherrscht und dass wir darüber ebenso Bescheid wissen sollten, wie wir die (Liebes-)Sprache unseres Partners verstehen. Hier ein kurzer Überblick über die Sprachen der Entschuldigung:

- Bedauern ausdrücken – „Es tut mir leid."
- Verantwortung übernehmen – „Ich habe einen Fehler gemacht."
- Wiedergutmachung anbieten – „Was kann ich tun, um das wieder in Ordnung zu bringen?"
- Echte Reue – „Ich will versuchen, das nie wieder zu tun."
- Um Vergebung bitten – „Kannst du mir bitte verzeihen?"

Das Erlernen dieser entschuldigenden Sätze ist sicherlich ein guter Ausgangspunkt für den Umgang mit Konflikten, Unstimmigkeiten und Verletzungen in unseren Ehen. Aber es gehört mehr dazu, als nur die Worte auszusprechen. Wir müssen in unserem Herzen die richtige Einstellung entwickeln, auch Mitverantwortung zu tragen, wenn unsere Partner uns Unrecht tun. Das verlangt eine gewisse menschliche Größe. Tatsächlich fällt es manchen Menschen sehr schwer, sich zu entschuldigen, denn dann müssen wir zugeben, dass wir Fehler gemacht haben. Manchmal ist es einfacher, sich zu rechtfertigen und das eigene Verhalten zu erklären.

Es kommt auch vor, dass wir mit einem dahingeworfenen „Tut mir leid" über eine Sache hinweggehen wollen, ohne das Ereignis an uns heranzulassen. Eine halbherzige Entschuldigung ist aber gar keine Entschuldigung. Wer es ernst meint, sucht keine Ausreden, beschuldigt nicht und drückt Bedauern und Mitgefühl aus. Außerdem besteht eine gute Entschuldigung aus mehr als nur Worten; es folgen auch Taten, die zeigen, dass sich in Zukunft etwas verändert und dass das kränkende Benehmen nicht mehr vorkommen wird.

Letzten Endes ist es eine wichtige Fähigkeit, sich entschuldigen zu können, und es wird eurer Ehe guttun. Der Film *Love Story* hatte unrecht. Ein wahrer Satz wäre: „Liebe bedeutet, dass man sich immer wieder entschuldigen muss." Und wenn wir das gut machen, wird unser gegenseitiges Vertrauen wachsen und wir werden ein besseres Team.

Es genügt, wenn einer von zweien sich entschuldigt; für eine echte Versöhnung braucht es allerdings beide Parteien.

LEWIS B. SMEDES

37. Eine Mission in der Ehe

Wenn ihr 10 000 Euro ausgeben könntet, um jemanden zu ermutigen – was würdet ihr tun?

Ehrt den Herrn, und dient ihm treu
von ganzem Herzen!
Vergesst nie, wie viel er schon für euch getan hat!

1. SAMUEL 12,24

• • • • • • • •

Vor einigen Jahren habe ich mit einer Gruppe von Vätern und ihren Teenager-Kindern eine Woche auf Haiti verbracht, wo wir Hilfsaktionen durchführten, zum Beispiel bei Bauprojekten und der Arbeit mit Waisenkindern. Als wir durch Port-au-Prince fuhren, überwältigte mich der Gedanke, was alles notwendig war, um dieser Stadt und diesem Land zu helfen. Billionen Dollar sind in den vergangenen Jahren bereits in Hilfsprojekte in Haiti geflossen, und dennoch gibt es noch unendlich viel zu tun.

Während unseres einwöchigen Aufenthalts dort fragte einer der Väter: „Wenn ihr einhunderttausend Dollar hättet und in Haiti investieren solltet, was würdet ihr tun, damit möglichst vielen Menschen geholfen wird?“ Sofort fingen wir an, darüber zu diskutieren, wie wir diese Geldsumme ausgeben würden. Dabei lernten wir eine Menge übereinander und verstanden besser, wie unterschiedlich unsere Hilfsbereitschaft funktionierte. Unsere Antworten schlossen den Neubau von Schulen ein, das Graben von Brunnen bis hin zur besseren Lebensmittelversorgung und mikroökonomischen Projekten. All unsere Antworten waren gut und entsprangen unserem Wunsch zu helfen. Inzwischen haben einige der Väter auch tatsächlich Wege gefunden, mehr in Haiti zu investieren.

Die heutige Frage für euch ist eine ganz ähnliche: Wofür würdet ihr 10 000 Euro einsetzen? Achtet darauf, was dabei zum Vorschein kommt. Hört einander gut zu, denn ihr werdet sehen, wie ähnlich und doch unterschiedlich ihr andere ermutigt und eure Hilfe anbietet. Denkt daran, dass es keinen Königsweg gibt, wenn wir anderen helfen wollen. Hört einander zu und seid bereit, auch aktiv etwas zu investieren. Selbst wenn euch gerade keine 10 000 Euro zur Verfügung stehen, findet ihr vielleicht einen Weg, jemanden zu ermutigen oder eure Hilfe anzubieten. Nehmt das Risiko auf euch und geht weiter in diese Richtung. Wenn ihr *gemeinsam* einen Dienst anbietet, gibt euch das Gelegenheit, zusammenzuarbeiten und miteinander zu wachsen.

Nur allzu leicht passiert es, dass wir in unseren Ehen einäugig werden und nur noch um uns selbst kreisen. Manchmal ist es das Beste, was wir für unsere Ehe tun können, einmal aus unserem Alltag herauszutreten und uns gemeinsam um andere zu kümmern. Auch kleine Schritte können viel bewirken! Wir haben gute Freunde, die die Idee hatten, einen wöchentlichen

Sonntagsbrunch mit ihren Nachbarn zu veranstalten, die keine Kirchgänger waren. Dazu mussten sie selber bereits am Samstagabend den Gottesdienst besuchen, damit sie am Sonntagmorgen Zeit hatten. Nachdem sie das einige Jahre lang getan hatten, sagten sie, es sei die beste Investition gewesen, die sie je getätigt hätten – nicht nur für ihre Nachbarn, sondern auch für ihre Ehe.

Wer gemeinsam für andere da ist, wird auch als Paar stärker. Und dazu braucht man wahrhaftig keine 10 000 Euro!

> Eine Ehe ist in erster Linie eine Berufung und eine geistliche Realität. Ein Mann und eine Frau kommen zusammen, um in ihrem Leben eine von Gott gegebene Mission zu erfüllen.
>
> *HENRI J. M. NOUWEN*

38. Schlichte Wahrheiten

Könnt ihr in drei einfachen Sätzen ausdrücken, was ihr euch für eure Ehe wünscht?

Überhebt euch nicht über andere,
seid freundlich und geduldig!
Geht in Liebe aufeinander ein!

EPHESER 4,2

• • • • • • • •

American Football ist das Beste überhaupt! (Tja, dieser Satz scheint gar nichts mit dem bewussten Wachstum in der Ehe zu tun zu haben, oder?) Vor einigen Jahren haben uns Freunde Karten geschenkt, damit unsere beiden jüngeren Söhne Tim Tebow, den früheren Mannschaftskapitän an der Universität von Florida Gators, hören konnten (hier ist die Verbindung zum Football!). Meine Jungs waren wie hypnotisiert, als sie live erlebten, wie dieser erfolgreiche Spieler über seinen Glauben sprach und über seinen Wunsch, Christus jeden Tag nachzufolgen. Seine Worte waren unglaublich ermutigend für die beiden.

Tebows Rede bestand im Wesentlichen aus einer dreifachen Botschaft: Seid bereit, für euren Glauben einzustehen, lebt mit Leidenschaft und bleibt stark bis zum Schluss. Er erzählte Geschichten, was es ihn gekostet hatte, für seine Werte einzustehen – obwohl so viele Leute um ihn herum ganz anders dachten als er. Er redete darüber, wie wichtig es ist, mit Leidenschaft zu leben – und sich nicht einfach treiben zu lassen, sondern ganz bei der Sache zu bleiben und sich nicht mit den Standardantworten zufriedenzugeben. Und zuletzt berichtete er, dass man bis zum Schluss Stärke beweisen könne – voller Entschlossenheit, nicht aufzugeben, ganz gleich, welche Hindernisse oder Schwierigkeiten einem im Weg stehen.

Ich hörte zu und dachte, dass es auch den Ehen in unserem Kulturkreis guttäte, wenn seine Worte beherzigt würden.

Standhaftigkeit beweisen: Schwimmt gegen den Strom! Haltet das Ehebündnis in Ehren. Gott hat einen Plan, der anders ist als das, was die Gesellschaft gerade propagiert.

Mit Leidenschaft leben: Ihr sollt in eurer Ehe nicht einfach ausharren, es soll euch gut gehen! Lebt mit wachem Herzen und einer tiefen Leidenschaft für Gott und euren Partner.

Stark bis zum Schluss: Ihr braucht einen langen Atem! Es klingt trivial, aber es stimmt: Unsere Ehen sind nicht als Kurzstrecken konzipiert, sondern als Marathons. Als ich über die Themen für diese Gesprächsimpulse nachdachte, fiel mir der Vers ein: „Lehre uns, unsere Zeit zu nutzen, damit wir weise werden“ (Psalm 90,12; NLB). Unsere Ehen brauchen Gottes Führung; wir verpflichten uns, nach bestem Wissen zu leben und bewusst an uns zu arbeiten, damit wir wachsen und uns verändern können.

Nur wenige von uns wird man fragen, ob sie vor 6 000 Menschen an der Universität eine Rede halten wollen. Trotzdem können wir selbst diese drei Punkte weiterentwickeln, damit sie uns auf unserem Weg zu mehr Intimität in der Ehe leiten und ermutigen. Wie würdet ihr beschreiben, was ihr in eurer Ehe anstrebt?

In der Schöpfung machte Gott aus einem Menschen einen weiteren. Dann schweißte er die beiden in der Ehe wieder zusammen.

THOMAS ADAMS

• • • • • • • •

39. Es war einmal ...

Was sind eure schönsten Erinnerungen, Hobbys oder Gewohnheiten aus eurem ersten Ehejahr? Was davon habt ihr beibehalten?

Deshalb bin ich auch ganz sicher,
dass Gott sein Werk, das er bei euch begonnen hat,
zu Ende führen wird, bis zu dem Tag,
an dem Jesus Christus kommt.

PHILIPPER 1,6

• • • • • • • •

Oft höre ich, wie Paare sich an die „gute alte Zeit" ihrer ersten Verliebtheit erinnern. Meist hatten sie damals noch keine Kinder und mehr Zeit, sich gegenseitig zu genießen. Diese Sehnsucht nach der Vergangenheit kann zum „Code" werden für das, „was heute nicht mehr möglich ist". Oder meinen wir eher, „*mein Partner* tut die Dinge nicht mehr, die er früher gemacht hat"?

Das Leben zieht uns in seinen Strudel. Wir haben so viele Dinge zu tun, auf der Arbeit, mit den Kindern, in unseren Gemeinden, in der Schule, mit unseren Nachbarn. Das alles ist gut! Aber im Alltag stellen wir unsere Ehe häufig hintenan. Dinge, die früher Priorität für uns hatten, geraten in Vergessenheit oder verflüchtigen sich einfach. Kleine Liebesbriefe. Überraschungen. Blumen. Abende zu zweit. Augenblicke, nur für uns.

In Offenbarung 2 spricht Jesus vor der Gemeinde in Ephesus und lobt ihre guten Taten. Aber er sagt auch, dass es ein großes Problem gibt: Sie haben ihre erste Liebe verloren. Mitten in ihrem viel beschäftigten Alltag haben sie vergessen, ihrer ersten Liebe wirklich treu zu bleiben. Er könnte dabei über unsere Ehen reden.

In Vers 5 sagt Jesus den Christen in Ephesus, dass sie drei Dinge tun müssen, um zu ihrer ersten Liebe zurückzufinden. Diese drei Dinge lassen sich auch auf unsere Ehen anwenden.

Zunächst, *erinnert euch daran, aus welchen Höhen ihr gefallen seid.* Wir nehmen uns Zeit und erinnern uns daran, wie es früher mit uns war, wie schön wir es hatten, was wir alles zusammen gemacht haben.

Zweitens, *zeigt Reue.* Das Wort Reue deutet hier einen Richtungswechsel an – wir sollen aufhören, uns nur in eine Richtung zu bewegen. Wenn wir uns mit dem Auto verfahren haben, wenden wir bei der nächsten Möglichkeit. Manchmal brauchen wir diese radikale Umkehr auch in unseren Ehen. Manchmal genügt auch eine kleinere Kurskorrektur.

Schließlich *solltet ihr zu dem zurückkehren, was ihr zu Anfang getan habt.* Ich liebe diesen Satz! Vielleicht ist es ein Ort, der euch hilft, wieder zu eurer ursprünglichen Grundlage zurückzufinden, wo ihr das wiederentdeckt, was so schön war zwischen euch beiden.

Diese Hinweise aus der Offenbarung 2 lassen sich mit drei knappen Worten zusammenfassen: *Erinnerung, Reue, Taten.* Denkt diese Woche einmal darüber nach. Nehmt euch Zeit für einen Rückblick. Und wenn nötig, nehmt einen Richtungswechsel vor. Setzt ihn auch wirklich in die Tat um!

Es ist der richtige Schritt, wenn wir wachsen wollen und unsere Ehe authentischer und intimer erleben wollen!

Gut ist es, wenn die Frau bewirkt, dass ihr Mann
gerne zu ihr nach Hause kommt –
und wenn er sich so verhält,
dass es ihr leidtut, wenn er wieder gehen muss.

MARTIN LUTHER

40. Geschichtenerzähler

Welche Geschichte über eure Ehe erzählt ihr öfter oder hört ihr gerne an? Was ist daran so besonders?

Eine Generation soll der anderen von deinen großen
Taten erzählen und schildern, wie machtvoll du
eingegriffen hast. Deine Hoheit und Macht
wird in aller Munde sein,
und auch ich will stets
über deine Wunder nachdenken.

PSALM 145,4-5

•••••••••

Mein Schwager Brian ist ein großer Geschichtenerzähler. Bei Familienfeiern versammeln wir uns oftmals alle um Brian und hören zu, wie er über seine Zeit als Basketballer erzählt oder über irgendein anderes Ereignis, einen Autounfall zum Beispiel. Über Autos kann er sowieso viel berichten: Einmal hat eines Feuer gefangen, einmal ging während der Fahrt ein Reifen verloren und einmal wurde ein Cabrio von einem

Riesenkürbis getroffen! Wir haben das alles schon Dutzende von Malen gehört, aber es ist immer wieder schön.

Einmal saßen wir in einer großen Runde an Erntedank um den Tisch. Eine Stunde lang hatten alle mitgeteilt, wofür sie im vergangenen Jahr besonders dankbar waren. Dabei wurden viele großartige Dinge erzählt: Wie mein Neffe Geld aufgetrieben hatte, um einer Familie in Kenia zu helfen, wie ein Vater und ein Sohn eine gemeinsame Reise unternommen hatten, die Freude, dass ein Großvater sich von einem Schlaganfall erholt hatte, der Bericht eines Erstsemesters von der Universität, den Gott in dieser Zeit des Übergangs zuverlässig begleitet hatte, eine besondere Zeit für unsere Familie, weil wir die goldene Hochzeit meiner Schwiegereltern gefeiert hatten.

Es kamen also viele schöne Dinge zusammen. Geschichten erinnern uns an unsere Wurzeln. Sie lassen uns dankbar sein. Geschichten vermitteln ein Gefühl der Zeitlosigkeit. Nichts ist so gut wie eine gute Geschichte. Sie bringt uns zum Lachen, hilft unserer Erinnerung auf die Sprünge und wir freuen uns miteinander.

Aber Geschichten können noch mehr. Während wir etwas erzählen, erinnern wir uns. Und es ist unsere Erinnerung, die uns die Treue und Güte Gottes immer wieder vor Augen führt. Wenn die Israeliten des Alten Testaments die Geschichten über Gott einfach vergessen hätten, wären sie der Anbetung falscher Götter und ihrem eigenen Untergang ausgeliefert gewesen. Es war ihre Fähigkeit, sich zu erinnern, die ihre Herzen immer wieder zu Gott zurückgebracht, ihnen Vertrauen eingeflößt und ein Gefühl von Nähe und Gemeinschaft geschaffen hat.

Auch unsere persönliche Erinnerung hat diese Wirkung. Sie vergrößert unseren Glauben, unsere Hoffnung und unsere Liebe – und davon kann eine Ehe gar nicht genug haben. Heute nehmen wir uns also Zeit für Geschichten. Sie handeln vielleicht von Urlauben, Erlebnissen beim Autofahren, von der Geburt unserer Kinder, von Verlusten oder von Wiedergutmachung, Überraschungspartys oder besonderen Geschenken. Was für Geschichten es auch sein mögen, sie bringen uns zusammen und wir können uns an der gemeinsam verbrachten Zeit freuen. Außerdem wird uns bewusst, dass auch in Zukunft weitere Ereignisse auf uns warten …

> Eine Geschichte wird dann erzählt, wenn den Menschen etwas wichtig ist. Wenn wir etwas erleben, was erzählenswert scheint, dann teilen wir anderen mit, was für uns wichtig ist.
>
> *DONALD MILLER*

41. Die Macht der Sprache

Wie verändert sich eure Sprache, wenn es zum Streit kommt?

Worte haben Macht: sie können über
Leben und Tod entscheiden. Darum ist jeder
für die Folgen seiner Worte verantwortlich.

SPRÜCHE 18,21

• • • • • • • •

Was bedeutet es, wenn die Ampel auf Gelb umspringt? Leider denken viele, sie müssten umso schneller weiterfahren. Wir wissen aber, dass Gelb uns dazu auffordert, langsamer zu werden und anzuhalten. Wer ein gelbes Licht missachtet, handelt leichtsinnig und es kann schnell zu einem Unfall kommen. Manchmal ist es in unserer Beziehung genauso: Wir ignorieren bestimmte Signale in unserem Gespräch, und bevor wir uns bremsen können, nehmen wir Fahrt auf. So entstehen schwierige Situationen, in denen wir nicht auf unsere Worte achten. Es ist oft klüger, innezuhalten und darüber nachzudenken, was wir da sagen. Jakobus ermutigt uns, unsere Worte mit Vorsicht zu wählen und lieber erst mal zuzuhören. Manchmal ist es besser, einige Sekunden vor einer roten Ampel stehen zu bleiben und dann bei grünem Licht weiterzufahren.

In Epheser 4,25-32 gibt Paulus uns vier Richtlinien zum Thema rotes/grünes Licht, die helfen, unsere Zunge in Streitsituationen im Zaum zu halten. Er hat einige sehr lebensnahe Ratschläge aufgeschrieben, u. a. Dinge, die wir in unserer Beziehung mit einem „Stopp-Zeichen" versehen sollten (rotes Licht), und andere, die wir häufiger tun könnten (grünes Licht). Nehmt euch etwas Zeit und lest in der Bibel diese Verse zusammen nach, damit ihr ein paar Richtlinien für eine bessere Kommunikation in Konfliktsituationen habt. Es geht dabei vor allem darum, wie man seine Zunge im Zaum halten kann.

Verse	*Prinzip*	*Rotes Licht*	*Grünes Licht*
Epheser 4,25	Immer die Wahrheit sagen.	Nicht lügen.	Bei der Wahrheit bleiben.
Epheser 4,26-27	Kontrolliere deinen Ärger, nicht „ausrasten".	Dein Ärger darf dich nicht beherrschen.	Lerne, mit deiner Wut umzugehen.
Epheser 4,29-30	Wähle deine Worte mit großer Sorgfalt.	Verkneife dir üble Reden.	Sag lieber Dinge, die aufbauen und ermutigen.
Epheser 4,31-32	Ebenso wichtig wie deine Worte sind deine Haltung und innere Einstellung.	Versuche, eine positive Einstellung zu finden.	Verhalte dich mitfühlend, freundlich und sei zur Versöhnung bereit.

Wenn ihr das gemeinsam gelesen habt, dann überlegt im nächsten Schritt, welche dieser Richtlinien ihr am besten gebrauchen könnt. Gibt es etwas, was ihr regelmäßig missachtet und wo ihr die „rote Ampel" ignoriert? Was könntet ihr ändern, damit ihr schon bei gelbem Licht merkt, was gleich passieren wird? Müsst ihr euch bei eurem Partner wegen eines kürzlich aufgetretenen Konflikts oder wegen einer schlechten Angewohnheit entschuldigen?

Denkt an Salomos Worte aus unserem heutigen Bibelzitat: „Worte haben Macht: sie können über Leben und Tod entscheiden." Manche Zusammenstöße können wir vermeiden, indem wir aufmerksamer mit unserer Sprache umgehen.

Die Anzahl der Konflikte in einer Ehe bestimmt
lediglich die Geschwindigkeit,
in der die Ehe sich verbessert oder verschlechtert.

NEIL CLARK WARREN

42. Stärker als die Angst

Wovor habt ihr Angst? Was beunruhigt euch oder flößt euch Unbehagen ein, wenn ihr an die kommenden Monate denkt?

Fürchte dich nicht, denn ich bin bei dir;
hab keine Angst, denn ich bin dein Gott!
Ich mache dich stark, ich helfe dir,
mit meiner siegreichen Hand beschütze ich dich!

JESAJA 41,10

• • • • • • • •

Vor Kurzem habe ich einen Artikel gelesen, in dem es um unsere zahlreichen Ängste ging.

Auf einer Website wurden mehr als 530 verschiedene Phobien aufgelistet! Hier einige, die weitverbreitet sind:

- Arachnophobie – Spinnenphobie
- Klaustrophobie – Angst vor dem Eingeschlossensein in engen Räumen
- Akrophobie – Höhenangst

- Atchyphobie – Angst davor, Fehler zu machen

Ich habe auch welche gefunden, die mir neu waren:

- Ephebiphobie – Angst vor Teenagern
- Dentophobie – Angst vor Zahnärzten
- Elurophobie – Angst vor Katzen (nicht zu verwechseln mit Katzenhassern!)
- Phobophobie – Angst vor der Angst

Manches kennen wir vielleicht aus eigener Erfahrung, anderes nicht. Aber jeder weiß, wie Angst sich anfühlt. Wenn wir auf vernünftige Art damit umgehen, handelt es sich lediglich um ein Warnsignal, das uns sagt, dass wir in einer bestimmten Situation besonderes Gottvertrauen haben sollen. Wenn wir unsere Angst ignorieren, kann sie lähmende Wirkung haben oder zu Fehlverhalten führen. In unseren Ehen führen nicht eingestandene Ängste häufig zu schädlichem Verhalten. Einerseits kann die Angst natürlich bewirken, dass wir uns verschließen und abschotten. Wir sagen dann, „mir wird das alles zu viel" oder „das regt mich zu sehr auf", und gestehen uns nicht ein, dass wir Angst haben. Ein anderes Mal eskaliert eine Situation, während wir versuchen, alles und jeden in unserem Umfeld zu kontrollieren. In diesem Fall rasten wir vielleicht aus und beschuldigen andere, weil wir verzweifelt versuchen, die Oberhand zu behalten oder uns an dem festzuklammern, was uns Sicherheit gibt.

Von Ängsten ist in der Bibel häufig die Rede. Wie ihr vielleicht wisst, ist das Gebot „Fürchtet euch nicht" ausgesprochen verbreitet. Es gibt Kommentatoren, die behaupten, es tauche genau 366 Mal in der Bibel auf – für jeden Tag im Jahr einmal, wobei das Schaltjahr bereits mitzählt. Oft ist das Gebot mit dem Satz verknüpft: „Denn ich bin bei euch". Damit ist das Gebot, dass wir uns nicht fürchten sollen, immer auch ein Versprechen Gottes und sein Trost, dass er immer bei uns sein wird. Gott weiß, dass wir in dieser kaputten Welt Angst haben, und er erinnert uns immer wieder daran, dass er uns helfen wird.

Bei der Suche nach Antworten auf die heutige Frage könnt ihr folgende Bibeltexte hinzunehmen und euch laut vorlesen: Jesaja 43,1-2; Jesaja 41,10; 5. Mose 31,8; Josua 1,9; 1. Petrus 5,7. Gottes Wort kann euch im Gebet leiten. Ihr dürft eure Ängste an ihn abgeben und sicher sein, dass er in jeder Situation bei euch sein wird.

Wer Sorgen hat und seinen Problemen entfliehen will, lädt die Angst damit regelrecht zu sich ein.

LISA TERKEURST

• • • • • • • •

43. Christus lieben

Beschreibt eure Liebe zu Jesus. Wie kann eure Beziehung zu ihm wachsen?

Wer ein Haus baut, braucht Weisheit und Verstand;
wer dazu noch Geschick besitzt,
kann es mit wertvollen und schönen Dingen füllen.

SPRÜCHE 24,3-4

• • • • • • • •

Stellt euch ein Dreieck vor.

Die meisten von euch haben dieses Symbol vermutlich schon als Zeichen für das Wachstum in unseren Ehen gesehen – besonders, wenn es um geistliche Intimität geht. Gott ist oben an der Spitze, du und dein Partner befinden sich einander gegenüber unten in dem Dreieck. Wenn ihr euch mehr in die Nähe von Jesus bewegt, nähert ihr euch auch aneinander an.

Als Gläubige wissen wir, dass unsere Fähigkeit zu lieben daher kommt, dass Gott uns liebt und annimmt. Er hat uns erst die Möglichkeit gegeben, Liebe zu erwidern. Gott ist das erste und vorrangige „Objekt“, das unserer Liebe würdig ist. Er war so freundlich, die Ehe so einzurichten, dass jeder von uns in einer Liebesbeziehung zu ihm leben kann, während sich gleichzeitig die Intimität in unserer Ehe vertieft.

Oft versuchen wir, die Intimität nur entlang der Bodenlinie des Dreiecks zu verbessern. Wir arbeiten daran, kommunizieren besser, verbringen mehr Zeit miteinander, tauschen uns mit anderen aus. Alle diese Dinge sind gut, keine Frage. Aber unsere erste und naheliegendste Aufgabe ist es, eine größere Nähe zu Gott herzustellen!

Es gibt verschiedene Wege, wie wir Christus ganz individuell näherkommen können. Besonders wichtig für unser geistliches Wachstum ist natürlich das Gebet und das Lesen in der Bibel. Wer das regelmäßig tut – und geistlich an sich arbeitet –, hat gute Chancen, seine Beziehung zu Christus zu verbessern. Wenn diese Dinge zurzeit nicht zu eurem Alltag gehören, dann investiert täglich eine Viertelstunde eurer Zeit, in der ihr betet und einen kurzen Bibeltext lest, und zwar einen Monat lang. Praktisch ist es zum Beispiel, jeden Tag einen Vers aus dem Buch der Sprüche zu lesen. Es gibt 31 solcher Sprüche und ihr könnt sie einfach der Reihenfolge nach durchgehen oder euch den jeweiligen Kalendertag heraussuchen.

Versucht diese Woche, euren Partner zu ermutigen, seine Liebesbeziehung zu Christus zu verbessern. Wenn ihr beide leidenschaftlich daran arbeitet und nicht nachlasst, wird sich auch zwischen euch etwas verändern! Teilt euch gegenseitig mit, was ihr gerade lest oder lernt oder worüber ihr nachdenkt. Wie erlebt ihr Gottes Liebe und seine Teilnahme an eurem Leben? Darüber lassen sich hervorragende Gespräche führen. Aber Vorsicht: Wer Christus nachfolgen will, muss sich ihm ganz ausliefern, seine Fehler bereuen, anderen vergeben und

Gott gehorchen. Gottes Wahrheit wächst in uns, sie fordert uns heraus und bewirkt, dass wir uns ändern und Dinge bedenken, die wir bisher gar nicht wahrgenommen haben. Das allein ist es schon wert!

> Wenn ich gelernt habe, Gott mehr zu lieben als alles Irdische, werde ich die Dinge und Menschen hier auf Erden auch mehr lieben können als bisher.
>
> *C. S. LEWIS*

44. Löwen, Tiger und Bären

Welchem Tier ähnelt ihr am meisten, wenn ihr wütend werdet?

Eine freundliche Antwort vertreibt den Zorn,
aber ein kränkendes Wort lässt ihn aufflammen.
Wenn kluge Menschen sprechen,
wird Wissen begehrenswert;
ein Dummkopf gibt nur Geschwätz von sich.

SPRÜCHE 15,1-2

• • • • • • • •

Konflikte sind in einer Ehe unvermeidbar. Eigentlich stellen Konflikte auch gar kein Problem dar; es geht eher darum, Konflikte auf gewinnbringende Art zu lösen – wem das nicht gelingt, dessen Ehe nimmt mit der Zeit Schaden oder geht in die Brüche. Wenn wir keine gute Lösung für einen Konflikt finden, kann das unter anderem daran liegen, dass im Streit unsere schlechten Angewohnheiten zum Vorschein kommen. Dieses Verhalten, das zur Verschärfung des Konflikts beiträgt, anstatt ihn zu lösen, lässt sich gut an Beispielen aus dem Tierreich verdeutlichen.

Schildkröte. Manche Menschen verhalten sich in Konfliktsituationen wie Schildkröten, indem sie sich einfach einigeln und abschotten. Wenn es schwierig wird in ihrer Ehe, ziehen sie sich in ihren Panzer zurück. Die Kommunikation bricht ab.

Teddybär. Andere werden ganz süß und kuschelig wie ein Teddybär und geben allem nach, was ihr Partner an Ideen, Ansichten oder Wünschen äußert, ohne sich darüber klar zu werden, was sie selbst in diesem Konflikt eigentlich wollen.

Fuchs. Viele kennen die Rede vom „listigen Fuchs“ und wissen, dass es Menschen gibt, die auf raffinierte oder sogar manipulative Weise ihren Willen durchzusetzen wissen. Dabei gewinnt immer nur der eine, während der andere verliert.

Hai. Es gibt auch Leute, die auf Angriff schalten. Haie riechen bei ihren im Wasser ausgetragenen Konflikten Blut, und sie schlagen plötzlich zu. Leider verletzen Hai-Persönlichkeiten häufig andere Menschen, anstatt bei der Sache zu bleiben. Wieder geht es zumindest für einen der beiden schlecht aus.

Hyäne. In der Disney-Verfilmung *Der König der Löwen* sind die Hyänen komische Charaktere. Wenn es zu einem Konflikt kommt, fängt die Hyäne an, Witze zu machen und weicht über ihren Humor einer seriösen Konfliktbehebung aus.

Natürlich könnte man noch viel mehr solcher Tierbilder dafür finden, wie Konflikte gelöst bzw. eben nicht besonders gut gelöst werden (ängstlich reagieren wie ein Huhn, den Kopf in den Sand stecken wie ein Strauß, wegfliegen wie ein Adler, stur sein wie ein Esel). All diese Verhaltensweisen repräsentieren negative Reaktionen auf einen Konflikt, denn so bleiben wir auf uns selbst bezogen, gehen dem Konflikt aus dem Weg oder geben kampflos auf. Deshalb sollten wir uns ein Tier ansehen, das für eine gute Konfliktlösung steht: die *Eule*.

Schon immer ist die Eule in vielen Kulturkreisen für ihre Klugheit bekannt. Wer einen Konflikt gut und gewinnbringend lösen will, muss klug sein und mit seinem Gegenüber zusammenarbeiten. Wenn wir dazu bereit sind, vermitteln wir unserem Ehepartner unsere Wertschätzung und machen deutlich, dass beide das Recht haben, gehört zu werden. Wenn Mann und Frau bei der Lösung eines Konflikts zusammenarbeiten, kann das zu großartigen Ergebnissen führen.

> In einigen Ehen bedeutet wahrer Frieden nicht, dass alles konfliktfrei verläuft, sondern dass Konflikte lösbar sind, und zwar auf eine biblische Art und Weise, durch Liebe, gegenseitige Rücksichtnahme und indem Gott geehrt wird. Das sollte unser oberster Wunsch und unser erstes Anliegen sein.
>
> *GARY UND BETSY RIUCCI*

45. Segen im Überfluss

Zählt zehn Dinge auf, die euch im vergangenen Monat gutgetan haben.

Alles, was Gott uns gibt, ist gut und vollkommen.
Er, der Vater des Lichts, ändert sich nicht;
niemals wechseln bei ihm Licht und Finsternis.

JAKOBUS 1,17

• • • • • • • •

Ich habe einmal einen Vortrag des Bestsellerautors und Ökonomen Jim Collins gehört. Collins berichtete von Untersuchungen darüber, warum scheinbar hervorragend funktionierende Unternehmen manchmal in Schwierigkeiten geraten, verfallen und schließlich aufgegeben werden müssen. Er stellte eine einfache These auf: Dieser Niedergang könnte vermieden, aufgedeckt und verhindert werden. Probleme müssen nicht das Ende bedeuten; man kann ein Unternehmen jederzeit retten, wenn man die Organisationsstruktur entsprechend ändert.

Gegen Ende seines Vortrags nannte Collins einige Schritte, die man einleiten könne, wenn für ein Unternehmen schwierige Zeiten bevorstehen. Der zweite Punkt lautete: „Haltet euch vor Augen, wo eure Stärken liegen.“ Das hat einen ganz einfachen Grund: Wenn man all die guten Dinge aufzählt, die passiert sind – Dinge, für die man gar nichts getan hat –, dann fühlt man sich plötzlich ganz demütig und entwickelt neuen Mut.

Ich würde sogar noch einen Schritt weiter gehen: Wenn wir die positive Seite betrachten, dann wollen wir anbeten, loben und unsere Dankbarkeit ausdrücken dem gegenüber, der uns mit all den guten Dingen gesegnet hat. Und das ist eine gute Erfahrung, die wir auch in unseren Ehen regelmäßig machen sollten. Immerzu sind wir beschäftigt und sehen allzu oft nur darauf, was nicht passiert, denken an die Probleme, die auf uns zukommen oder fühlen uns gelähmt angesichts der am heutigen Tag zu bewältigenden Aufgaben.

Es gibt Zeiten, da fühlen wir uns gar nicht in der Lage, die Dinge, mit denen wir gesegnet sind, überhaupt wahrzunehmen. Fällt es euch schwer, zehn Dinge aus den vergangenen 30 Tagen aufzuschreiben, die gut waren? Ich bin sicher: Ihr werdet sie entdecken, jeder von uns kann das. Wenn wir innehalten und überlegen, was das alles sein könnte – ganz unabhängig von unserer augenblicklichen Situation –, tut uns das schon gut. In den Psalmen lesen wir oft, wie schwierig oder herausfordernd das sein kann, aber häufig werden wir auch zur Dankbarkeit aufgerufen, weil wir mit Gottes Güte gesegnet sind.

Wenn wir uns bewusst machen, was in unserem Leben alles gut ist, entwickeln wir ganz von selbst eine Haltung der Dankbarkeit. Und Menschen, die dankbar sind, geben wunderbare Ehepartner ab! Übrigens ist für diejenigen, die eine Familie haben, eine solche positive Bestandsaufnahme eine gute Übung für alle Familienmitglieder. Ein Vorschlag: Nach dem Essen nimmt sich jeder einen Zettel und schreibt zehn Dinge auf, die dann den anderen mitgeteilt werden. Diese Zettel machen sich sehr gut, wenn man sie an den Kühlschrank pinnt …

Wir haben in unserem Leben nur zwei Möglichkeiten.
Entweder wir tun so, als gäbe es keine Wunder.
Oder wir tun so, als wäre alles ein Wunder.

ALBERT EINSTEIN

• • • • • • • •

46. Ein Ort der Geborgenheit

Wie gut seid ihr darin, einander zuzuhören? Was hindert euch daran?

Wer antwortet, bevor er überhaupt zugehört hat,
zeigt seine Dummheit und macht sich lächerlich.

SPRÜCHE 18,13

• • • • • • • •

Als mein Vater ein Hörgerät bekam, wurde er zu einem anderen Menschen. Er kam aus der Arztpraxis heraus, machte ein paar Schritte, hielt an und fragte: „Was ist das für ein Geräusch?" Da er es nicht zuordnen konnte, ging er wieder zurück und blieb nach einigen Schritten erneut stehen: „Da ist es schon wieder. Hörst du das auch?" Nachdem dieses mysteriöse Geräusch wiederholt aufgetreten war, verstand ich endlich, dass mein Vater seine eigenen Schritte auf dem Gehweg hörte! Ja, er war wirklich sehr schwerhörig geworden.

Die meisten von uns haben keine organischen Probleme beim Hören. Aber rein akustisches Hören und aufmerksames Zuhören sind trotzdem zwei ganz verschiedene Dinge. Wer gut zuhören kann, versucht den Sinn des Gehörten zu ergründen.

Doch warum fällt es uns eigentlich so schwer, den Inhalt der Botschaft zur Kenntnis zu nehmen, den unser Partner uns mitteilen möchte?

Oft bereiten wir innerlich schon unsere Antwort vor. Schon beim Zuhören überlegen wir, was wir erwidern wollen und richten deshalb gar nicht unsere volle Aufmerksamkeit auf das Gesagte. Wir denken über unsere Antwort nach, anstatt uns die vollständige Botschaft erst einmal anzuhören.

Wir geben schnell eine beruhigende oder klärende Antwort. Männer, das betrifft vor allen Dingen unser Zuhörverhalten. Wir hören etwas und haben sofort eine Lösung parat. Wo ist das Problem?

Zuhören mit halbem Ohr. Manche Partner hören gar nicht richtig zu, sondern nicken nur und sagen von Zeit zu Zeit „ja, mein Liebes". Wir hören zwar die Worte, beschäftigen uns aber nicht mit der Botschaft des Gesagten. Dieses Problem entsteht leicht, wenn wir abgelenkt sind, innerlich teilnahmslos oder müde am Ende eines langen Tages.

Wir nehmen unserem Gegenüber das Wort aus dem Mund. Manchmal versuchen wir beim Zuhören, die Gedanken des anderen zu lesen. Das kommt vor allem dann vor, wenn unser Partner etwas sagt, was häufig Thema ist, und wir denken, wir wissen schon, was er oder sie sagen will. Gedankenlesen kann sehr geringschätzig wirken und den anderen verletzen.

Vermeidungsverhalten. In manchen Situationen vermeiden Paare Gespräche, die dringend notwendig wären. Manchmal beginnt das Gespräch, bleibt aber stecken, weil einer der Partner sich zurückzieht oder den Raum verlässt. In diesem Fall kann kein normales Gespräch stattfinden.

Ständiges Unterbrechen. Eines der häufigsten Probleme beim Zuhören ist wohl, dass wir den anderen unterbrechen. Wenn sowohl Mann als auch Frau die ganze Zeit reden, dann gibt es keine Möglichkeit, vernünftig zu kommunizieren.

Es gibt viele Hinderungsgründe für ein gutes Zuhören. Die eben genannten sind nur Beispiele. Was ist bei euch das Problem? Warum könnt ihr nicht besser miteinander reden?

> Zuhören ist die erste Pflicht für jeden, der liebt.
>
> *PAUL TILLICH*

47. Mutiges Zuhören

Wie könnt ihr lernen, besser zuzuhören?

Denkt daran, liebe Brüder und Schwestern:
Seid immer sofort bereit, jemandem zuzuhören;
aber überlegt genau, bevor ihr selbst redet.
Und hütet euch vor unbeherrschtem Zorn!

JAKOBUS 1,19

• • • • • • • •

Es ist unverzichtbar für eine gute Ehe, dass ihr euch gegenseitig zuhört. Missverständnisse und Frustrationen in der Kommunikation lassen sich vermeiden, wenn wir das „Sender-Empfänger-Modell" verwenden. Es ist genauso einfach wie es klingt: Einer von uns ist der Sender, der andere der Empfänger. Oft wird das, was wir sagen wollen, schon dadurch verständlicher und klarer, dass wir langsamer sprechen. Das ist natürlich nicht bei jeder Art von Gespräch wichtig, trotzdem kann das sehr hilfreich sein, wenn ein Gespräch ins Stocken kommt. In vielen Büchern wird die Kommunikation in der Ehe thematisiert, in *Fighting for Your Marriage* von Howard Markman, Scott Stanley und Susan Blumberg werden acht einfache Regeln vorgestellt, die das Modell gut erklären.

Regeln für den Sprecher und den Zuhörer

1. *Der Sprecher hat Vorrang.* Es kann nur einer sprechen. Der andere Partner hört zu.

2. *Tauscht die Rollen.* Im Gesprächsverlauf tauschen Sender und Empfänger die Rollen.

3. *Probleme müssen nicht sofort gelöst werden.* Zunächst geht es darum, ein gutes Gespräch zu führen und nicht darum, schnelle Lösungen zu finden.

Regeln für den Sprecher

1. *Vertrete deinen eigenen Standpunkt.* Versuche nicht, die Gedanken deines Gegenübers zu lesen. Benutze „Ich"-Aussagen („Ich glaube, du spinnst!" gehört allerdings nicht dazu). Sprich über deine Gefühle, Gedanken und Sorgen.

2. *Sprich nicht zu lange.* Es kommt bestimmt eine Gelegenheit, noch mehr zu sagen. Versuche, dem Zuhörer zu helfen, indem du das Gesagte übersichtlich hältst.

3. *Halte inne, damit der Zuhörer das, was er verstanden hat, zusammenfassen kann.* Mach eine Pause und warte, ob er dir das Signal gibt fortzufahren. Wenn nicht, wiederholst oder erläuterst du deine Aussage.

Regeln für den Zuhörer

1. *Fasse das, was du gehört hast, zusammen.* Rekapituliere kurz in deinen eigenen Worten. Sei aufmerksam.

2. *Konzentriere dich auf das, was der Sprecher dir sagen will.* Verhalte dich nicht abweisend. Halte dich mit deiner Meinung zurück, während du zuhörst. Versuche lediglich zu verstehen, was gesagt wird.

Beim ersten Anwenden erscheint diese Technik sehr mechanisch und künstlich. So, als bekäme man einen Gipsverband angelegt und könnte sich nur noch langsam und steif bewegen. Gleichzeitig ermöglicht dieses Bandagieren aber die Heilung des gebrochenen Knochens. Und so ist es auch, wenn wir das Sender-Empfänger-Modell anwenden und dadurch ein sicherer Rahmen entsteht, in dem wir klar kommunizieren können und unsere Beziehung sich verbessert, weil wir lernen, unserem Partner richtig zuzuhören.

> Es kostet Mut, aufzustehen und seine Meinung zu sagen; es kostet aber auch Mut, sich hinzusetzen und zuzuhören.
>
> *WINSTON CHURCHILL*

48. Auf den Punkt gebracht

Welche drei Ereignisse aus der vergangenen Woche fallen euch ein? Wie fühlt ihr euch deswegen?

Wovon das Herz erfüllt ist,
das spricht der Mund aus!

MATTHÄUS 12,34B

• • • • • • • •

Es ist für uns Erwachsene eine der größten Herausforderungen zu begreifen, wie das, was wir tun, und das, was wir fühlen, miteinander verknüpft ist. Manche Leute verstehen nie, wie Emotionen wirken und können sich innerlich nicht weiterentwickeln. Oft halten wir uns bevorzugt auf der Verstandesebene auf, wo wir alles rational durchdenken können und nur vom Kopf her verstehen. Gefühle werden von den Menschen oft entweder hoffnungslos überbewertet oder aber komplett ignoriert, als gäbe es sie gar nicht. Beides ist nicht gut.

Wir alle haben Gefühle. Manche Wissenschaftler sind überzeugt, dass wir zuerst fühlen und erst später denken. Wer wirklich verstehen will, was in ihm vorgeht, der muss diese Gefühle auch benennen können. Ehrlich gesagt wird einem das mit der Zeit zur Selbstverständlichkeit - zu wissen, was man fühlt und nicht nur darauf zu achten, was man denkt. Manchmal klären sich die Gedanken auch erst, wenn wir erforscht haben, wie es um unser Gefühl steht.

Häufig besteht das Problem darin, dass wir eine endlose Anzahl von Gefühlen gleichzeitig haben, manchmal 50 Stück. Wer sich mit Gefühlen auskennt, reduziert das auf eine Handvoll - ungefähr drei bis neun Grundgefühle. Es gibt dazu Veröffentlichungen, in denen zwischen „guten" und „schlechten" Gefühlen unterschieden wird. Hier ein kleiner Schnelltest: Welche der folgenden Gefühle sind gut - Schmerz, Traurigkeit, Einsamkeit, Überraschung, Angst, Ärger, Schuld, Scham, Freude?

Die meisten Leute sehen diese Aufzählung und ordnen Freude ohne zu zögern den guten Gefühlen zu. In Wirklichkeit können diese neun Gefühlszustände beides sein - ein Segen oder eine dunkle Seite unserer Persönlichkeit. Ärger oder Furcht kann beispielsweise dazu führen, dass wir jemanden verletzen, es kann uns aber auch dazu motivieren, jemanden zu retten. Das Gefühl als solches ist neutral, es kommt darauf an, wie wir darauf reagieren.

Eine der Übungen, die wir in den vergangenen Jahren häufig gemacht haben, ist eine Gefühlskontrolle. Wir nehmen uns einige Minuten Zeit und fragen uns folgendes: „Welche Gefühle habe ich heute schon durchlebt? Wie geht es mir jetzt im Moment?" Jahrelang hing eine Liste mit acht Emotionen an unserer Kühlschranktür. Sie wurde zu unserem „Spickzettel", wenn wir beschreiben wollten, wie wir uns fühlten. Mit der Zeit haben wir eine Sprache entwickelt, durch die wir uns besser verstehen können. Wir halten kurz inne, spüren, was sich in uns abspielt und öffnen uns dafür, einander auf einer tieferen Ebene zu verstehen.

> Gott hat uns als emotionale und rationale Wesen geschaffen. Beides gehört zusammen. Gefühl und Verstand bedingen und definieren sich gegenseitig und tragen zur Klarheit bei. Sie machen uns zu vollständigen Lebewesen.
>
> *MATTHEW ELLIOTT*

49. Voller Vertrauen

Gibt es einen bestimmten Grund dafür, dass ihr euch eurem Partner anvertrauen könnt?

Meine Freunde! Lasst uns einander lieben,
denn die Liebe kommt von Gott.
Wer liebt, ist ein Kind Gottes und kennt Gott.
Wer aber nicht liebt, der weiß nichts von Gott;
denn Gott ist Liebe.

1. JOHANNES 4,7-8

• • • • • • • •

In den vergangenen Jahrzehnten haben sich Forscher immer wieder damit beschäftigt, was Liebe eigentlich ist und wie sie uns miteinander verbindet. Eine der interessantesten Meinungen dazu ist die von Dr. Susan Johnson, die in ihrem Buch *Halt mich fest* die These vertritt, dass wir in unseren Ehen eine Atmosphäre der emotionalen Sicherheit und Geborgenheit brauchen, um Nähe zuzulassen und uns zu lieben. Sicherheit entsteht, wenn wir darauf vertrauen können, dass unser Partner verfügbar ist. Mit anderen Worten: Wenn wir wirkliche Nähe erleben wollen, müssen wir einander vertrauen.

Nur dann können wir ohne Vorbehalte eine tiefe Verbundenheit mit unserem Partner spüren. Aber was bedeutet das eigentlich – jemandem vertrauen? Im Grunde haben wir alle die gleiche Frage an unseren Ehepartner, so Johnson: „Bist du da für mich, wenn ich dich brauche?" In ihrem Buch benutzt sie das Akronym VAV, um die drei grundsätzlichen Bedürfnisse darzustellen, die für eine Atmosphäre der Geborgenheit gesichert sein müssen: Verfügbarkeit, Ansprechbarkeit und Verbindlichkeit. Johnson bietet Paaren drei einfache Fragen, die diese abstrahierenden Begriffe besser erklären und dabei helfen sollen, eine sichere Gefühlsverbindung herzustellen. Ihr könnt diese Fragen beantworten und dabei für euren Partner besonders da sein.

Zunächst, seid ihr *verfügbar*, wenn euer Partner sich an euch wendet? Eine gute Beziehung basiert darauf, dass wir füreinander da sind, und das bedeutet ganz offensichtlich, dass wir uns Zeit füreinander nehmen. Ich kann mich im selben Zimmer befinden wie Lora und trotzdem meilenweit von ihr entfernt sein – besonders in der Zeit der Bundesligaspiele! Wenn euer Ehepartner euch darum bittet, ein paar Minuten zuzuhören, ist es wichtig für euer Gespräch und eure Beziehung, dass ihr jederzeit zur Verfügung steht. Einfache Gewohnheiten wie das Schaffen einer Gesprächsatmosphäre ohne Unterbrechungen und das Halten von Augenkontakt sind wichtige Schritte, wenn ihr für euren Partner verfügbar sein wollt.

Zweitens, erfüllt ihr gegenseitig eure *Bedürfnisse*? Wenn ein Partner den anderen um etwas bittet, dann macht er sich verletzlich. In einer starken Beziehung lernen wir, in diesen Augenblicken richtig zu reagieren. Jahrelang habe ich geglaubt, dass ich in solchen Situationen einfach nur „ja" zu sagen brauche, und dann hätte ich richtig reagiert. Aber dann kamen die Kinder. Und ich habe schnell gemerkt, dass die richtige Antwort selten „ja" oder „nein" lautet, sondern eher eine Haltung beschreibt, eine Art Neugier auf das, was das Gegenüber von sich gibt. Ein Partner, der für mich ansprechbar ist, will mich verstehen, hört mich an und nimmt meine Sorgen ernst.

Drittens, verhaltet ihr euch in eurer Beziehung *verbindlich*? Es ist nämlich möglich, verfügbar zu sein, ansprechbar und trotzdem nicht wirklich auf den anderen einzugehen – wir machen das alles nur zum Schein. Manche von uns haben gelernt, „Ja, mein Liebes"- und „Oh, sicher, Schatz"-Antworten nur als Placebos für Verfügbarkeit und Ansprechbarkeit zu benutzen. Wer echte Verbindlichkeit an den Tag legt, bekennt sich zu den Verpflichtungen, die seine Ehe mit sich bringt: „Ich bin interessiert, ich verpflichte mich, ich bin da." Wenn wir verbindlich miteinander umgehen, wächst unser Vertrauen in unsere Beziehung und wir können Risiken eingehen, die eine größere Nähe ermöglichen.

Drei einfache Worte: Verfügbarkeit, Ansprechbarkeit, Verbindlichkeit. Gemeinsam bilden sie die Grundlage für eine sichere und emotional gesunde Ehe.

Nähe kann nur entstehen, wenn wir uns sicher fühlen. Wenn Mann oder Frau Angst vor Verletzungen, Vorwürfen, Kritik und Missverständnissen haben, wird es ihnen schwerfallen, wirklich aufeinander zuzugehen. ... Wer sich echte Intimität in der Ehe wünscht, muss daran arbeiten, dass das gegenseitige Vertrauen wächst.

ED WHEAT

50. Der intimste Akt von allen

Wie oft betet ihr gemeinsam? Würdet ihr gerne etwas daran verändern?

„Aber auch das sage ich euch: Wenn zwei von euch
hier auf der Erde meinen Vater im Himmel um etwas
bitten wollen und darin übereinstimmen,
dann wird er es ihnen geben.
Denn wo zwei oder drei in meinem Namen
zusammenkommen, bin ich in ihrer Mitte."

MATTHÄUS 18,19-20

••••••••

In den ersten Jahren unserer Ehe hätte ich auf diese Frage geantwortet, dass wir täglich miteinander beten, und zwar immer vor dem Essen! Natürlich ist es eine schöne Gewohnheit, vor einer Mahlzeit kurz innezuhalten und dafür zu danken, was Gott uns beschert hat, und ich bin froh, dass wir das gemacht haben. Aber es gibt noch eine andere Art von Gebet, die wir nicht ganz so leicht in unserer Ehe integrieren konnten.

Mit den Jahren habe ich festgestellt, dass viele Paare es schwierig finden, miteinander zu beten, und oft nicht wissen, warum das so ist. Obwohl viele verheiratete Paare regelmäßig *für* ihre Partner beten, ist es offenbar eine große Herausforderung, *miteinander* zu beten. Dennoch hat der Soziologe Andrew Greeley bei Studien mit verheirateten Paaren herausgefunden, dass die, die *gemeinsam* beteten, am glücklichsten waren!

Die Autoren Les und Leslie Parrott haben das in ihrem Buch *Saving Your Marriage Before It Starts* folgendermaßen erklärt: „Paare, die regelmäßig zusammen beten, beschreiben ihre Ehe doppelt so häufig als sehr romantisch. Man muss sich das einmal vor Augen halten – verheiratete Paare, die zusammen beten, sind mit einer 90 Prozent höheren Wahrscheinlichkeit zufriedener mit ihrem Sexualleben. Beim Beten machen wir uns so verletzlich, dass es uns als Paar enger zusammenschweißt."

Das gemeinsame Gebet ist der intimste Akt, den wir zusammen erleben können. Im Gebet spüren wir die Intimität mit unserem Vater und rücken dadurch auch als Paar enger zusammen. Wenn ihr das Gefühl habt, dass eure Ehe in diesem Bereich noch besser werden könnte, dann fangt mit kleinen Schritten an. Nehmt euch diese Woche Zeit für ein gemeinsames Gebet, und wenn es nur ein paar Minuten sind.

Daran müsst ihr nicht um jeden Preis festhalten. Nirgends in der Bibel steht, dass Ehemann und Ehefrau jeden Tag gemeinsam beten müssen. Manche von uns sind vielleicht so aufgewachsen, dass sie das laute Beten im Beisein anderer gar nicht kennen und finden es deshalb einschüchternd oder schwierig. Manchmal ist es hilfreich, wenn man zum Einstieg Passagen aus einem Gebetsbuch vorliest.

Wenn wir uns das Gebet als einfaches Gespräch mit Gott vorstellen, der für uns beide wie ein Vater ist, dann können wir auch einmal versuchen, uns einfach mit ihm zu unterhalten. Es gibt hierzu keine Vorschriften und ihr könnt es einfach als Herausforderung begreifen, gemeinsam eine andere Ebene geistlicher Intimität zu erreichen.

Nichts schweißt die Herzen von Christen mehr zusammen als das gemeinsame Gebet. Nichts fördert so ihre Liebe füreinander, wie wenn sie sich beim Gebet füreinander öffnen.

CHARLES G. FINNEY

• • • • • • • •

Epilog

Denn ich allein weiß, was ich mit euch vorhabe:
Ich, der Herr, werde euch Frieden schenken
und euch aus dem Leid befreien.
Ich gebe euch wieder Zukunft und Hoffnung.

JEREMIA 29,11

Nun gehen die Gesprächsimpulse für eure Ehe zu Ende. Wenn ihr es bis hierhin geschafft habt – bravo! Wir hoffen, dass diese wöchentlichen Fragen euch zu guten Gesprächen über eure Ehe angeregt haben. Es ist eine Investition in die Zukunft und gibt euch eine feste Grundlage, wenn ihr euch angewöhnt, euch einmal in der Woche zu treffen. Ich hoffe, dass ihr authentischer miteinander umgeht, offener reden könnt und mehr Vertrauen entwickelt habt.

Hier die letzte Frage dieses Buches für eure Ehe (tatsächlich sind es heute sogar zwei):

Erstens: Jedes Jahr gibt es im Dezember unzählige „Best-of"-Listen und Jahresrückblicke. Das gilt für die Bereiche Musik, Film oder Sport. Ich freue mich besonders über die besten Fische, die ich in einem Jahr gefangen habe oder die besten Überraschungen. Filme, in denen solche Höhepunkte zusammengeschnitten wurden, sind immer beliebt. Genauso amüsant ist es, wenn ihr eure eigene „Best-of"-Liste zusammenstellt – und darauf steht das Beste, was in diesem Jahr in eurer Ehe passiert ist. Welche Highlights könnt ihr in eurer Ehe entdecken, wenn ihr auf die wöchentlichen Gespräche zurückblickt? Denkt dabei zum Beispiel an folgendes:

- Urlaube
- Spirituelles Wachstum
- Zeiten der Veränderung (Umzüge, Jobwechsel, Abschlüsse etc.)
- Kommunikation und Konfliktlösung
- Hobbys
- Finanzen und Haushaltsausgaben
- Abende zu zweit
- Treffen mit Freunden
- Hilfe für andere

Zweitens: Welche Ziele wollt ihr euch gemeinsam setzen? Benutzt die Liste eurer vergangenen Höhepunkte, um euch für die Zukunft ein oder zwei Ziele herauszusuchen. Zu Beginn dieses Buchs haben wir die Worte von Mose in Psalm 90,12 gelesen: „Mach uns bewusst, wie kurz unser Leben ist, damit wir endlich zur Besinnung kommen!" Wenn wir uns die Endlichkeit unseres Daseins bewusst machen, gehört es dazu, dass wir unsere Beziehungen entsprechend führen und unsere Liebe auch ausdrücken, solange wir Zeit dazu haben. Wenn wir für die Zukunft Ziele oder Träume haben, hilft uns das, einander weiterhin nah zu sein.

Wir wissen alle, wie wichtig das ist. Die Institution der Ehe bröckelt in unserer Kultur. Wir alle haben schon beobachten müssen, wie es in Ehen, die stark und gut zu sein schienen, anfing zu kriseln, bis sie mit einer Scheidung endeten. Überall sehen wir, wie geringschätzig mit der Institution Ehe umgegangen wird und wie wenig verbindlich sie den meisten Menschen erscheint. Wir werden mit Bildern des Scheiterns und Schmerzes in der Ehe regelrecht bombardiert. Während wir das hier schreiben, sind die Zeitungen voll mit Schlagzeilen über die hohe Scheidungsrate, Regierungsmitglieder und ihre Sex-Skandale sowie häusliche Gewalt bei Weltklasse-Athleten.

Einer der großen Ehemythen will uns weismachen, es sei leicht, in einer Ehe zu leben. Woher diese Vorstellung stammt, weiß niemand so genau, aber es handelt sich zweifellos um einen Mythos. Eine gute Ehe entsteht nicht einfach so, sondern es bedarf bewusster und gemeinsamer Anstrengung. Sie bedeutet Verbindlichkeit, Arbeit und Zeit. All das verlangt eine ausdauernde Beharrlichkeit. Im Sport hört man überall entsprechende Zitate, Slogans und aufmunternde Zurufe, dass man nicht nachlassen und keinesfalls aufgeben darf. Athleten werden ermutigt, „bis zum Schluss durchzuhalten", „nicht aufzugeben", „den Schmerz einfach zu ignorieren" und „bis zum Ende zu kämpfen".

Auch unsere Ehen sind es wert, dass wir um sie kämpfen, aber wir müssen uns beide denselben Werten verpflichtet fühlen und uns dafür entscheiden. 1993, als wir in der Nähe von Chicago lebten, haben Lora und ich uns einer kleinen Gruppe in unserer Gemeinde angeschlossen. Kurz nachdem wir uns zusammengetan hatten, forderte einer aus der Gruppe uns dazu auf, „unkonventionelle Ehen“ zu führen. Diesen Begriff erklärte er folgendermaßen: Er sagte, dass eine konventionelle Ehe dazu führen würde, dass zwei unserer Ehen wieder aufgelöst und innerhalb weniger Jahre mit einer Scheidung enden würden, und dann sah er sich um und fragte uns, welche Paare das wohl betreffen würde. Die Gruppe hat uns dabei geholfen, unseren Wunsch nach einer bewusst geführten Ehe im Auge zu behalten.

Das ist unsere Botschaft und wir hoffen, dass ihr weiterhin versucht, sie zu befolgen: Eure Ehe ist es wert, dass ihr euch dafür anstrengt. Wer bewusst daran arbeitet, dass eine immer größere Nähe entsteht, ehrt Gott und hinterlässt etwas für die, die nach uns kommen. Die Frage ist nicht: „Werden wir etwas hinterlassen?“, die wirkliche Frage ist doch: „Was für eine Art von Erbe hinterlassen wir unseren Nachkommen?“ Wenn wir unsere goldene Hochzeit feiern und 50 Jahre miteinander verbracht haben, dann sollen andere uns mit Erstaunen betrachten, weil Gott so viel in und durch uns bewirkt hat. Und das wichtigste ist, dass unsere Kinder und die, die uns sonst noch nahestehen, uns sehen und wissen, dass der Schein nicht trügt – wir haben tatsächlich so gelebt und uns so geliebt.

Wer liebt, macht sich verletzlich. Wer es wagt zu lieben, riskiert, dass er enttäuscht und ihm womöglich das Herz gebrochen wird. Wer sichergehen will, dass es ganz bleibt, darf es nicht fortgeben, an niemanden, nicht einmal an ein Tier. Umhülle es sorgfältig mit Hobbys und ein wenig Luxus; vermeide jegliche Beziehung zu Mitmenschen. Schließe es sicher ein in die Schatulle oder den Sarg deiner Selbstliebe. Aber in diesem Gefängnis, wo es sicher, dunkel, bewegungslos, ohne Luft liegt, wird es sich verändern. Es wird nicht brechen; es wird unzerbrechlich werden, undurchdringlich, unrettbar. Wer liebt, macht sich immer auch verletzlich.

C.S. LEWIS

• • • • • • • •

Bonuskapitel

Für besondere Tage

Valentinstag

Was würdet ihr gerne am Valentinstag zusammen unternehmen?

Ja, wenn die Liebe uns ganz erfüllt, vertreibt sie sogar die Angst. Wer sich also fürchtet und vor der Strafe zittert, der kennt wirkliche Liebe noch nicht. Wir lieben, weil Gott uns zuerst geliebt hat.

1. JOHANNES 4,18-19

• • • • • • • •

Als ich noch zur Grundschule ging, war der Valentinstag einer der stressigsten Tage im Jahr. Einige Tage vor dem 14. Februar bastelten alle einen personalisierten Briefkasten – aus Materialien wie Cornflakes-Packungen oder Schuhkartons, verziert mit Tonnen von Glitzerkram, Tonpapier und Farbe.

Dann kam der gefürchtete Tag. Ich stellte meinen Briefkasten auf und wartete, ob mir überhaupt irgendjemand eine Valentinskarte geben würde.

Damals war mir nicht klar, dass jedes Kind genügend Karten für alle in der Klasse mitbringen *musste.* Am Ende stellte ich fest, dass mein Briefkasten voller Valentinskarten war und konnte es kaum abwarten, nach Hause zu gehen und sie zu lesen. Tatsächlich habe ich die Karten dann meist nur durchgewühlt und diejenigen heraussortiert, auf die kleine Schokoladenriegel geklebt waren.

Inzwischen bedeutet der Valentinstag keinen Stress mehr für mich. Obwohl das einfach ein weiterer Tag mit primär kommerziellem Hintergrund ist, habe ich gelernt, ihn zu genießen. Für unsere Ehe ist es gut, wenn wir dazu aufgefordert werden, bewusst und auf kreative Art unsere Liebe füreinander auszudrücken. Ganz gleich, ob man dafür Blumen kauft oder Karten schickt, Ballons fliegen lässt, besondere Verabredungen trifft, ausgedehnte Spaziergänge macht, einen romantischen Abend verbringt oder Süßigkeiten verschenkt! Vielleicht geht ihr zusammen essen, kocht zu Hause etwas oder bestellt eine Pizza. Geht ins Kino oder in ein Konzert.

Wichtig ist nur, dass ihr vorher die heutige Frage beantwortet. Dann wisst ihr, wie eure jeweiligen Erwartungen aussehen und könnt diesen Tag wirklich gemeinsam genießen. So könnte es tatsächlich immer sein – und zwar nicht nur, weil unsere kommerzialisierte Gesellschaft einen besonderen Tag dafür geschaffen hat.

Nutzt diesen Wintertag, um euer Liebesleben anzukurbeln. Nehmt euch Zeit für ein Gespräch, denkt euch etwas Lustiges aus, drückt eure Liebe aus und genießt das Zusammensein. Und denkt daran, woran unser heutiger Vers erinnert: Unsere Zuneigung gründet darauf, dass wir uns von unserem himmlischen Vater geliebt fühlen. Seine Liebe gibt uns Kraft, unsere Angst zu überwinden und uns jemand anderem leidenschaftlich zuzuwenden.

Wenn wir eine Beziehung voller Nähe entwickeln wollen, ist es wichtig, dass wir unsere Wünsche und Vorstellungen kennen. Wenn wir jemanden lieben, sollte uns interessieren, was diese Person gerne mag.

GARY CHAPMAN

• • • • • • • •

Karfreitag und Ostern

Welche Bedeutung haben Karfreitag und Ostern für euch?

Jesus spricht zu ihr: „Ich bin die Auferstehung und das Leben. Wer an mich glaubt, der wird leben, auch wenn er stirbt; und wer da lebt und glaubt an mich, der wird nimmermehr sterben. Glaubst du das?"

JOHANNES 11,25-26 (LÜ)

• • • • • • • •

Vor vielen Jahren habe ich gehört, wie der Pastor Tony Campolo die Geschichte von einem Pfarrer erzählte, der am Karfreitag eine Predigt hielt und dabei immer einen Satz wiederholte: „Es ist Freitag, aber der Sonntag naht." Campolo erzählt die Geschichte so:

Er [ein älterer afroamerikanischer Pfarrer] hat seine Predigt ganz vorsichtig begonnen, indem er sagte: „Es war Freitag, und mein Jesus hing tot am Baum. Aber es war Freitag, und der Sonntag nahte!" Einer der Diakone rief: „Predige, Bruder, predige!" Das war genau das, worauf der Pfarrer gewartet hatte. Etwas lauter fuhr er fort: „Es war Freitag und Maria weinte sich die Augen aus dem Kopf. Die Jünger irrten suchend umher, wie Schafe ohne ihren Hirten, aber es war Freitag, und der Sonntag nahte!“

Und so machte der Pfarrer weiter. Er drehte den Lautstärkeregler weiter auf und rief: „Es war Freitag. Die Zyniker schauten in die Welt und sagten: ‚Alles wird so bleiben, wie es bisher gewesen ist. Auf dieser Welt kann man nichts verändern; alles bleibt, wie es ist.‘ Aber diese Zyniker wussten nicht, dass es erst Freitag war. Der Sonntag kam ja erst noch! Es war Freitag, und Pilatus dachte, er hätte seine Hände reingewaschen und eine Menge Ärger vermieden. Die Pharisäer stolzierten umher, lachten und knufften sich gegenseitig in die Rippen. Sie glaubten, sie hätten die Kontrolle über alles. Aber auch sie hatten keine Ahnung, dass es erst Freitag war! Der Sonntag kam ja noch!“

Er hat diesen Satz eine halbe Stunde lang wie ein Mantra wiederholt, eine Stunde lang, noch eine weitere Viertelstunde, dann eineinhalb Stunden lang. Immer und immer wieder rief er uns zu: „Es ist Freitag, aber der Sonntag naht!“ Als er zum Ende kam, hatte er mich, ebenso wie die anderen Zuhörer, so in Rage gebracht, dass wir es kaum mehr aushalten konnten. Schließlich brüllte er mit allem, was seine Lungen hergaben: „Es ist FREITAG!“ und alle 500 Zuhörer in der Kirche schrien wie aus einer Kehle zurück: „DER SONNTAG NAHT!“

Wir alle kennen das Gefühl, wenn es „Freitag“ ist und nichts im Leben funktioniert, wenn Träume sich zerschlagen, wenn nichts Sinn zu machen scheint, wenn wir keine Hoffnung haben. Dieser Tag – Karfreitag – erinnert uns alle daran, dass hinter den Kulissen Dinge geschehen, von denen wir noch nichts ahnen. An diesem ersten Karfreitag hatten die Jünger alle Hoffnung verloren. Ihre Träume lagen in Scherben. Der, für den sie gelebt hatten, ruhte in einem gemieteten Grab.

Aber so war es am Freitag. Der Sonntag kam erst noch.

Was die nächsten Stunden für einen Unterschied machten! Das Ausrufezeichen des Ostersonntags verkündet, dass neues Leben immer möglich ist, dass Erlösung stattfindet, die Hoffnung nicht stirbt, dass der Tod nicht das letzte Wort hat, dass Gott die Güte selbst ist.

Nehmt euch dieses Osterwochenende einmal als Paar Zeit, erinnert euch und lobpreist den Einen, der alles für immer und ewig verändert hat. Amen.

Es ist Freitag. Der Sonntag kommt erst noch!

Gott hat am Kreuz seine Liebe unter Beweis gestellt.
Als Christus gehängt wurde, Blut vergoss und starb,
hat Gott aller Welt damit gesagt: „Ich liebe euch."

BILLY GRAHAM

Erntedankfest

Wofür seid ihr dankbar? Wo in eurem Leben und in eurer Ehe erkennt ihr Gottes Treue und Gnade?

Die Güte des Herrn hat kein Ende,
sein Erbarmen hört niemals auf,
es ist jeden Morgen neu!
Groß ist deine Treue, o Herr!

KLAGELIEDER 3,22-23

• • • • • • • •

Immer, wenn wir Erntedank feiern, muss ich an die Worte aus dem alten Gesangbuchlied denken: „Herr, deine Treue ist so groß", das von dem oben stehenden Text inspiriert wurde. Erntedank ist eine naturgegebene Gelegenheit, innezuhalten und uns an Gottes unaufhörliche Güte, seine zahllosen Wohltaten und Treue zu erinnern. Wenn wir seine große Treue bedenken, reagieren wir ganz natürlich mit Demut, Lob und Dankbarkeit.

Das tun wir doch, oder?

Nehmt eure Bibel, schlagt Lukas 17,11-19 auf und lest die Geschichte, wie Jesus die zehn Leprakranken geheilt hat. In unserem hektischen Alltag werden wir schnell so wie „die Neun“, die Gottes heilenden Segen gern entgegengenommen haben, aber nicht auf die Idee gekommen sind, sich dafür zu bedanken. Ebenso leicht passiert das in unseren Ehen und mit unseren Ehepartnern. Wir nehmen alles in Anspruch, was wir bekommen, aber manchmal vergessen wir dabei den Dank. Täglich sollten wir uns daran erinnern, kurz innezuhalten und unsere Dankbarkeit auszudrücken – das tut unserer Ehe gut.

Erntedank ist in den Lauf der Jahreszeiten eingebettet und bietet sich dafür an. Über viele Jahre hinweg hatten wir eine einfache Familientradition an Erntedank. Jeder, der mit am Tisch saß, nannte einige Dinge, für die er im vergangenen Jahr dankbar war. Manchmal ist das ganz einfach. In anderen Jahren erzählen wir lange Geschichten, die uns an Gottes Güte erinnern und unsere Freude darüber ausdrücken, dass er so gut für uns sorgt. Dankbarkeit erzeugt ein gutes Gemeinschaftsgefühl.

Nutzt die Gelegenheit des kommenden Feiertags, auch eurem Ehepartner gegenüber ganz bewusst eure Dankbarkeit auszudrücken, ebenso euren anderen Angehörigen und vor allen Dingen jenem, der euch so sehr geliebt hat, dass er lieber gestorben ist, als ohne euch zu leben.

Ich wünsche euch ein schönes Erntedankfest!

Wenn „Danke“ das einzige Gebet wäre,
das ihr in eurem ganzen Leben gesprochen hättet,
dann wäre das vollkommen ausreichend.

MEISTER ECKHART

Frohe Weihnachten!

Was ist die schönste Weihnachtserinnerung aus eurer Kindheit? Was ist die schönste Erinnerung an das Fest, seit ihr geheiratet habt?

Sie machten sich sofort auf den Weg und fanden Maria und Josef und das Kind, das in der Futterkrippe lag. Als sie es sahen, erzählten die Hirten, was ihnen der Engel über das Kind gesagt hatte. Und alle, die ihren Bericht hörten, waren darüber sehr erstaunt. Maria aber merkte sich jedes Wort und dachte immer wieder darüber nach.

LUKAS 2,16-19

• • • • • • • •

Marias Geschichte bewegt mich immer wieder. Ein Engel ist ihr erschienen, als sie noch ein Teenager war, und hat ihr verkündet, dass sie schwanger werden würde, und zwar ohne dass sie mit einem Mann zusammen gewesen war! Anstatt darüber zu lachen, ihn für verrückt zu erklären oder einfach wegzulaufen, antwortet sie mit einem freundlichen Gehorsam. Mit Josef, einem ausgesprochen gläubigen Mann, stellt Gott ihr einen treuen Begleiter zur Seite, der ihr Ehemann wird. Gemeinsam reisen die beiden nach Bethlehem und erleben die Geburt ihres Kindes.

In diesen ersten Tagen und Jahren nach der Geburt Jesu gibt es viele Aufregungen und Ereignisse. Besuche von Hirten und Königen – es kommen die Niedrigsten ebenso wie die Höchsten. Stellt euch vor, was Maria für Gespräche angehört haben muss! Am Ende von Lukas' Bericht über die Geburt Jesu in Lukas 2,19 erscheint dieser kleine Satz: „Maria aber merkte sich jedes Wort und dachte immer wieder darüber nach." Manchmal sehen und hören wir so erstaunliche Dinge, dass wir diese Momente ganz fest in unser Herz einschließen wollen.

Weihnachten ist eine Zeit, in der sich viele ungewöhnliche Dinge ereignen können. Die meisten Menschen horten „Schätze" von bereits vergangenen Weihnachtsfesten in ihrer Erinnerung. Wenn wir innehalten und uns daran erinnern, können wir auch anderen damit eine Freude machen. Manchmal sind diese Erinnerungen an bestimmte Geschenke, Personen oder Ereignisse geknüpft. Unsere Erinnerung zeigt anderen, was uns wirklich wichtig ist.

Eine der Geschichten, die ich sehr hüte, hat mit dem Weihnachtsfest zu tun, nachdem meine Mutter gestorben war. Ich war 20 Jahre alt und ihr Todestag war im November. Dieses Weihnachten unterschied sich radikal von den Festen davor. Mein Vater, mein jüngerer Bruder und ich verzichteten darauf, das Haus zu schmücken. Es gab keine Musik und es wurde kein Weihnachtsbaum geschmückt. Einige Tage vor dem Fest nahm mein Vater meinen Bruder und mich mit in ein großes Kaufhaus in der Stadt, wo wir uns etwas aussuchen durften. Mehr konnte er in diesem Jahr nicht tun.

Obwohl dieses Weihnachten von Traurigkeit, Einsamkeit und Verlust überschattet war, bleibt es eines meiner tiefsten Weihnachtseindrücke. In jenem Jahr ist mir klar geworden, was der Name Immanuel wirklich bedeutet – Gott ist mit uns. Immer, wenn ich an Weihnachten denke, bewegt mich diese Wahrheit. Von all den Namen, die zu Jesus gehören, passt keiner besser als Immanuel: Gott ist mit uns.

Er ist uns nicht nur nah. Er denkt nicht nur an uns. Er behält uns nicht nur im Auge. Er ist wirklich *bei* uns.

Und zwar in jeder Situation. In jedem Augenblick. Zu jeder Jahreszeit. Immer.

Wenn ich darüber nachdenke, dann ist Gottes Anwesenheit in meinem Leben das schönste Geschenk. Nehmt euch also ein paar Minuten Zeit und redet über diese Frage, die euch zum Erinnern einlädt. Überlegt, was euch in eurem Innersten wirklich wichtig ist. Manches davon zeigt euch vielleicht auch diesen Immanuel – den Gott, der damals da war und heute auch bei euch ist.

Frohe Weihnachten!

Weihnachten berührt diese Welt mit einem
magischen Stab und seht, alles ist viel weicher
und noch schöner geworden.

NORMAN VINCENT PEALE

Die amerikanische Originalausgabe erschien im Verlag *Howard Books*,
A Division of Simon & Schuster, Inc, New York,
unter dem Titel „The 50 Fridays Marriage Challenge".

1. Auflage 2021
Best.-Nr. 817812
ISBN 978-3-95734-812-8

Umschlaggestaltung: Mareike Schaaf
Umschlagfoto: GoodStudio, Shutterstock
Satz: Apel Verlagsservice, Celle
Druck und Verarbeitung: GGP Media GmbH, Pößneck
Printed in Germany

www.gerth.de